# 心一堂術數古籍珍本叢刊

書名：命理尋源
系列：心一堂術數古籍珍本叢刊　星命類　第二輯　124
作者：【民國】徐樂吾
主編、責任編輯：陳劍聰
心一堂術數古籍珍本叢刊編校小組：陳劍聰　素聞　梁松盛　鄒偉才　虛白盧主

出版：心一堂有限公司
通訊地址：香港九龍旺角彌敦道六一〇號荷李活商業中心十八樓〇五－〇六室
深港讀者服務中心：中國深圳市羅湖區立新路六號羅湖商業大厦負一層〇〇八室
電話號碼：(852)67150840
網址：publish.sunyata.cc
電郵：sunyatabook@gmail.com
網店：http://book.sunyata.cc
淘寶店地址：https://shop210782774.taobao.com
微店地址：https://weidian.com/s/1212826297
臉書：https://www.facebook.com/sunyatabook
讀者論壇：http://bbs.sunyata.cc/

版次：二零一五年十月初版
平裝

定價：港幣　九十八元正
人民幣　九十八元正
新台幣　三百九十八元正

國際書號：ISBN 978-988-8317-04-2



香港發行：香港聯合書刊物流有限公司
地址：香港新界大埔汀麗路36號中華商務印刷大厦3樓
電話號碼：(852)2150-2100
傳真號碼：(852)2407-3062
電郵：info@suplogistics.com.hk

台灣發行：秀威資訊科技股份有限公司
地址：台灣台北市內湖區瑞光路七十六巷六十五號一樓
電話號碼：+886-2-2796-3638
傳真號碼：+886-2-2796-1377
網絡書店：www.bodbooks.com.tw
台灣國家書店讀者服務中心：
地址：台灣台北市中山區松江路二〇九號一樓
電話號碼：+886-2-2518-0207
傳真號碼：+886-2-2518-0778
網絡書店：http://www.govbooks.com.tw

中國大陸發行　零售：深圳心一堂文化傳播有限公司
深圳地址：深圳市羅湖區立新路六號羅湖商業大厦負一層〇〇八室
電話號碼：(86)0755-82224934

心一堂微店二維碼

心一堂淘寶店二維碼

# 心一堂術數古籍 珍本整理 叢刊 總序

## 術數定義

術數，大概可謂以「推算（推演）、預測人（個人、群體、國家等）、事、物、自然現象、時間、空間方位等規律及氣數，並或通過種種『方術』，從而達致趨吉避凶或某種特定目的」之知識體系和方法。

## 術數類別

我國術數的內容類別，歷代不盡相同，例如《漢書・藝文志》中載，漢代術數有六類：天文、曆譜、五行、蓍龜、雜占、形法。至清代《四庫全書》，術數類則有：數學、占候、相宅相墓、占卜、命書、相書、陰陽五行、雜技術等，其他如《後漢書・方術部》、《藝文類聚・方術部》、《太平御覽・方術部》等，對於術數的分類，皆有差異。古代多把天文、曆譜、及部分數學均歸入術數類，而民間流行亦視傳統醫學作為術數的一環；此外，有些術數與宗教中的方術亦往往難以分開。現代民間則常將各種術數歸納為五大類別：命、卜、相、醫、山，通稱「五術」。

本叢刊在《四庫全書》的分類基礎上，將術數分為九大類別：占筮、星命、相術、堪輿、選擇、三式、讖諱、理數（陰陽五行）、雜術（其他）。而未收天文、曆譜、算術、宗教方術、醫學。

## 術數思想與發展——從術到學，乃至合道

我國術數是由上古的占星、卜筮、形法等術發展下來的。其中卜筮之術，是歷經夏商周三代而通過「龜卜、蓍筮」得出卜（筮）辭的一種預測（吉凶成敗）術，之後歸納並結集成書，此即現傳之《易

經》。經過春秋戰國至秦漢之際，受到當時諸子百家的影響、儒家的推崇，遂有《易傳》等的出現，原本是卜筮術書的《易經》，被提升及解讀成有包涵「天地之道（理）」之學。因此，《易・繫辭傳》曰：「易與天地準，故能彌綸天地之道。」

漢代以後，易學中的陰陽學說，與五行、九宮、干支、氣運、災變、律曆、卦氣、讖緯、天人感應說等相結合，形成易學中象數系統。而其他原與《易經》本來沒有關係的術數，如占星、形法、選擇，亦漸漸以易理（象數學說）為依歸。《四庫全書・易類小序》云：「術數之興，多在秦漢以後。要其旨，不出乎陰陽五行，生尅制化。實皆《易》之支派，傅以雜說耳。」至此，術數可謂已由「術」發展成「學」。

及至宋代，術數理論與理學中的河圖洛書、太極圖、邵雍先天之學及皇極經世等學說給合，通過術數以演繹理學中「天地中有一太極，萬物中各有一太極」（《朱子語類》）的思想。術數理論不單已發展至十分成熟，而且也從其學理中衍生一些新的方法或理論，如《梅花易數》、《河洛理數》等。

在傳統上，術數功能往往不止於僅僅作為趨吉避凶的方術，及「能彌綸天地之道」的學問，亦有其「修心養性」的功能，「與道合一」（修道）的內涵。《素問・上古天真論》：「上古之人，其知道者，法於陰陽，和於術數。」數之意義，不單是外在的算數、歷數、氣數，而是與理學中同等的「道」、「理」--心性的功能，北宋理氣家邵雍對此多有發揮：「聖人之心，是亦數也」、「萬化萬事生乎心」、「心為太極」。《觀物外篇》：「先天之學，心法也。……蓋天地萬物之理，盡在其中矣，心一而不分，則能應萬物。」反過來說，宋代的術數理論，受到當時理學、佛道及宋易影響，認為心性本質上是等同天地之太極。天地萬物氣數規律，能通過內觀自心而有所感知，即是內心也已具備有術數的推演及預測、感知能力；相傳是邵雍所創之《梅花易數》，便是在這樣的背景下誕生。

《易・文言傳》已有「積善之家，必有餘慶；積不善之家，必有餘殃」之說，至漢代流行的災變說及讖緯說，我國數千年來都認為天災，異常天象（自然現象），皆與一國或一地的施政者失德有關；下至家族、個人之盛衰，也都與一族一人之德行修養有關。因此，我國術數中除了吉凶盛衰理數之外，人心的德行修養，也是趨吉避凶的一個關鍵因素。

## 術數與宗教、修道

在這種思想之下，我國術數不單只是附屬於巫術或宗教行為的方術，又往往是一種宗教的修煉手段--通過術數，以知陰陽，乃至合陰陽（道）。「其知道者，法於陰陽，和於術數。」例如，「奇門遁甲」術中，即分為「術奇門」與「法奇門」兩大類。「法奇門」中有大量道教中符籙、手印、存想、內煉的內容，是道教內丹外法的一種重要外法修煉體系。甚至在雷法一系的修煉上，亦大量應用了術數內容。此外，相術、堪輿術中也有修煉望氣（氣的形狀、顏色）的方法；堪輿家除了選擇陰陽宅之吉凶外，也有道教中選擇適合修道環境（法、財、侶、地中的地）的方法，以至通過堪輿術觀察天地山川陰陽之氣，亦成為領悟陰陽金丹大道的一途。

## 易學體系以外的術數與的少數民族的術數

我國術數中，也有不用或不全用易理作為其理論依據的，如揚雄的《太玄》、司馬光的《潛虛》。也有一些占卜法、雜術不屬於《易經》系統，不過對後世影響較少而已。

外來宗教及少數民族中也有不少雖受漢文化影響（如陰陽、五行、二十八宿等學說。）但仍自成系統的術數，如古代的西夏、突厥、吐魯番等占卜及星占術，藏族中有多種藏傳佛教占卜術、苯教占卜術、擇吉術、推命術、相術等；北方少數民族有薩滿教占卜術；不少少數民族如水族、白族、布朗族、佤族、彝族、苗族等，皆有占雞（卦）草卜、雞蛋卜等術，納西族的占星術、占卜術，彝族畢摩的推命術、占卜術……等等，都是屬於《易經》體系以外的術數。相對上，外國傳入的術數以及其理論，對我國術數影響更大。

## 曆法、推步術與外來術數的影響

我國的術數與曆法的關係非常緊密。早期的術數中，很多是利用星宿或星宿組合的位置（如某星在某州或某宮某度）付予某種吉凶意義，并據之以推演，例如歲星（木星）、月將（某月太陽所躔之宮次）等。不過，由於不同的古代曆法推步的誤差及歲差的問題，若干年後，其術數所用之星辰的位置，已與真實星辰的位置不一樣了；此如歲星（木星），早期的曆法及術數以十二年為一周期（以應地支），與木星真實周期十一點八六年，每幾十年便錯一宮。後來術家又設一「太歲」的假想星體來解決，是歲星運行的相反，週期亦剛好是十二年。而術數中的神煞，很多即是根據太歲的位置而定。又如六壬術中的「月將」，原是立春節氣後太陽躔娵訾之次而稱作「登明亥將」，至宋代，因歲差的關係，要到雨水節氣後太陽才躔娵訾之次，當時沈括提出了修正，但明清時六壬術中「月將」仍然沿用宋代沈括修正的起法沒有再修正。

由於以真實星象周期的推步術是非常繁複，而且古代星象推步術本身亦有不少誤差，大多數術數除依曆書保留了太陽（節氣）、太陰（月相）的簡單宮次計算外，漸漸形成根據干支、日月等的各自起例，以起出其他具有不同含義的眾多假想星象及神煞系統。唐宋以後，我國絕大部分術數都主要沿用這一系統，也出現了不少完全脫離真實星象的術數，如《子平術》、《紫微斗數》、《鐵版神數》等。後來就連一些利用真實星辰位置的術數，如《七政四餘術》及選擇法中的《天星選擇》，也已與假想星象及神煞混合而使用了。

隨着古代外國曆（推步）、術數的傳入，如唐代傳入的印度曆法及術數，元代傳入的回回曆等，其中我國占星術便吸收了印度占星術中羅睺星、計都星等而形成四餘星，又通過阿拉伯占星術而吸收了其中來自希臘、巴比倫占星術的黃道十二宮、四大（四元素）學說（地、水、火、風），並與我國傳統的二十八宿、五行說、神煞系統並存而形成《七政四餘術》。此外，一些術數中的北斗星名，不用我國傳統的星名：天樞、天璇、天璣、天權、玉衡、開陽、搖光，而是使用來自印度梵文所譯的：貪狼、巨門、祿存、文曲，廉貞、武曲、破軍等，此明顯是受到唐代從印度傳入的曆法及占星術所影響。如星命術中的《紫微斗數》及堪輿術中的《撼龍經》等文獻中，其星皆用印度譯名。及至清初《時憲曆》，置閏之法則改用西法「定氣」。清代以後的術數，又作過不少的調整。

此外，我國相術中的面相術、手相術，唐宋之際受印度相術影響頗大，至民國初年，又通過翻譯歐西、日本的相術書籍而大量吸收歐西相術的內容，形成了現代我國坊間流行的新式相術。

## 陰陽學——術數在古代、官方管理及外國的影響

術數在古代社會中一直扮演着一個非常重要的角色，影響層面不單只是某一階層、某一職業、某一年齡的人，而是上自帝王，下至普通百姓，從出生到死亡，不論是生活上的小事如洗髮、出行等，大事如建房、入伙、出兵等，從個人、家族以至國家，從天文、氣象、地理到人事、軍事，從民俗、學術到宗教，都離不開術數的應用。我國最晚在唐代開始，已把以上術數之學，稱作陰陽（學），行術數者稱陰陽人。（敦煌文書、斯四三二七唐《師師漫語話》：「以下說陰陽人謾語話」，此說法後來傳入日本，今日本人稱行術數者為「陰陽師」）。一直到了清末，欽天監中負責陰陽術數的官員中，以及民間術數之士，仍名陰陽生。

古代政府的中欽天監（司天監），除了負責天文、曆法、輿地之外，亦精通其他如星占、選擇、堪輿等術數，除在皇室人員及朝庭中應用外，也定期頒行日書、修定術數，使民間對於天文、日曆用事吉凶及使用其他術數時，有所依從。

我國古代政府對官方及民間陰陽學及陰陽官員，從其內容、人員的選拔、培訓、認證、考核、律法監管等，都有制度。至明清兩代，其制度更為完善、嚴格。

宋代官學之中，課程中已有陰陽學及其考試的內容。（宋徽宗崇寧三年〔一一零四年〕崇寧算學令：「諸學生習……並曆算、三式、天文書。」「諸試……三式即射覆及預占三日陰陽風雨。天文即預

定一月或一季分野災祥，並以依經備草合問為通。」

金代司天臺，從民間「草澤人」（即民間習術數人士）考試選拔：「其試之制，以《宣明曆》試推步，及《婚書》、《地理新書》試合婚、安葬，並《易》筮法，六壬課、三命、五星之術。」（《金史》卷五十一．志第三十二．選舉一）

元代為進一步加強官方陰陽學對民間的影響、管理、控制及培育，除沿襲宋代、金代在司天監掌管陰陽學及中央的官學陰陽學課程之外，更在地方上增設陰陽學課程（《元史．選舉志一》：「世祖至元二十八年夏六月始置諸路陰陽學。」）地方上也設陰陽學教授員，培育及管轄地方陰陽人。（《元史．選舉志一》：「（元仁宗）延祐初，令陰陽人依儒醫例，於路、府、州設教授員，凡陰陽人皆管轄之，而上屬於太史焉。」）自此，民間的陰陽術士（陰陽人），被納入官方的管轄之下。

至明清兩代，陰陽學制度更為完善。中央欽天監掌管陰陽學，明代地方縣設陰陽學正術，各州設陰陽學典術，各縣設陰陽學訓術。陰陽人從地方陰陽學肄業或被選拔出來後，再送到欽天監考試。（《大明會典》卷二二三：「凡天下府州縣舉到陰陽人堪任正術等官者，俱從吏部送（欽天監），考中，送回選用；不中者發回原籍為民，原保官吏治罪。」）清代大致沿用明制，凡陰陽術數之流，悉歸中央欽天監及地方陰陽官員管理、培訓、認證。至今尚有「紹興府陰陽印」、「東光縣陰陽學記」等明代銅印，及某某縣某某之清代陰陽執照等傳世。

清代欽天監漏刻科對官員要求甚為嚴格。《大清會典》「國子監」規定：「凡算學之教，設肄業生。滿洲十有二人，蒙古、漢軍各六人，於各旗官學內考取。漢十有二人，於舉人、貢監生童內考取。附學生二十四人，由欽天監選送。教以天文演算法諸書，五年學業有成，舉人引見以欽天監博士用，貢監生童以天文生補用。」學生在官學肄業、貢監生肄業或考得舉人後，經過了五年對天文、算法、陰陽學的學習，其中精通陰陽術數者，會送往漏刻科。而在欽天監供職的官員，《大清會典則例》「欽天監」規定：「本監官生三年考核一次，術業精通者，保題升用。不及者，停其升轉，再加學習。如能黽勉供職，即予開復。仍不及者，降職一等，再令學習三年，能習熟者，准予開復，仍不能者，黜退。」除定期考核以定其升用降職外，《大清律例》中對陰陽術士不準確的推斷（妄言禍福）是要治罪的。《大清律例・一七八・術七・妄言禍福》：「凡陰陽術士，不許於大小文武官員之家妄言禍福，違者杖一百。其依經推算星命卜課，不在禁限。」大小文武官員延請的陰陽術士，自然是以欽天監漏刻科官員或地方陰陽官員為主。

官方陰陽學制度也影響鄰國如朝鮮、日本、越南等地，一直到了民國時期，鄰國仍然沿用着我國的多種術數。而我國的漢族術數，在古代甚至影響遍及西夏、突厥、吐蕃、阿拉伯、印度、東南亞諸國。

## 術數研究

術數在我國古代社會雖然影響深遠，「是傳統中國理念中的一門科學，從傳統的陰陽、五行、九宮、八卦、河圖、洛書等觀念作大自然的研究。……傳統中國的天文學、數學、煉丹術等，要到上世紀中葉始受世界學者肯定。可是，術數還未受到應得的注意。術數在傳統中國科技史、思想史，文化史、社會史，甚至軍事史都有一定的影響。……更進一步了解術數，我們將更能了解中國歷史的全貌。」（何丙郁《術數、天文與醫學中國科技史的新視野》，香港城市大學中國文化中心。）

可是術數至今一直不受正統學界所重視，加上術家藏秘自珍，又揚言天機不可洩漏，「（術數）乃吾國科學與哲學融貫而成一種學說，數千年來傳衍嬗變，或隱或現，全賴一二有心人為之繼續維繫，賴以不絕，其中確有學術上研究之價值，非徒癡人說夢，荒誕不經之謂也。其所以至今不能在科學中成立一種地位者，實有數因。蓋古代士大夫階級目醫卜星相為九流之學，多恥道之；而發明諸大師又故為惝恍迷離之辭，以待後人探索；間有一二賢者有所發明，亦秘莫如深，既恐洩天地之秘，復恐譏為旁門左道，始終不肯公開研究，成立一有系統說明之書籍，貽之後世。故居今日而欲研究此種學術，實一極困難之事。」（民國徐樂吾《子平真詮評註》，方重審序）

現存的術數古籍，除極少數是唐、宋、元的版本外，絕大多數是明、清兩代的版本。其內容也主要是明、清兩代流行的術數，唐宋或以前的術數及其書籍，大部分均已失傳，只能從史料記載、出土文獻、敦煌遺書中稍窺一鱗半爪。

## 術數版本

坊間術數古籍版本，大多是晚清書坊之翻刻本及民國書賈之重排本，其中豕亥魚魯，或任意增刪，往往文意全非，以至不能卒讀。現今不論是術數愛好者，還是民俗、史學、社會、文化、版本等學術研究者，要想得一常見術數書籍的善本、原版，已經非常困難，更遑論如稿本、鈔本、孤本等珍稀版本。在文獻不足及缺乏善本的情況下，要想對術數的源流、理法、及其影響，作全面深入的研究，幾不可能。

有見及此，本叢刊編校小組經多年努力及多方協助，在海內外搜羅了二十世紀六十年代以前漢文為主的術數類善本、珍本、鈔本、孤本、稿本、批校本等數百種，精選出其中最佳版本，分別輯入兩個系列：

一、心一堂術數古籍珍本叢刊

二、心一堂術數古籍整理叢刊

前者以最新數碼（數位）技術清理、修復珍本原本的版面，更正明顯的錯訛，部分善本更以原色彩色精印，務求更勝原本。并以每百多種珍本、一百二十冊為一輯，分輯出版，以饗讀者。後者延請、稿約有關專家、學者，以善本、珍本等作底本，參以其他版本，古籍進行審定、校勘、注釋，務求打造一最善版本，方便現代人閱讀、理解、研究等之用。

限於編校小組的水平，版本選擇及考證、文字修正、提要內容等方面，恐有疏漏及舛誤之處，懇請方家不吝指正。

心一堂術數古籍 珍本 整理 叢刊編校小組

二零零九年七月序

二零一四年九月第三次修訂

乙亥孟夏

# 命理尋源

樂吾

# 命理尋源目次

上編

先天八卦數
後天八卦數
先後天八卦合數
天地範圍數
八卦成列數
參同契先天納甲圖
京氏六爻納辰圖
鄭氏爻辰圖

十二律納音圖
葛稚川納音圖
楊子雲積數納音圖
內經五運六氣圖
五運大論節錄
十二次列宿分野圖
列宿分野今昔對照圖

下編

論八卦五行之用
論五行生剋刑沖

論五行干支化合
論五行六律
辨納音
辨納甲爻辰
爻辰之星象
星曜神煞釋義
六神
六親
天乙貴人原起

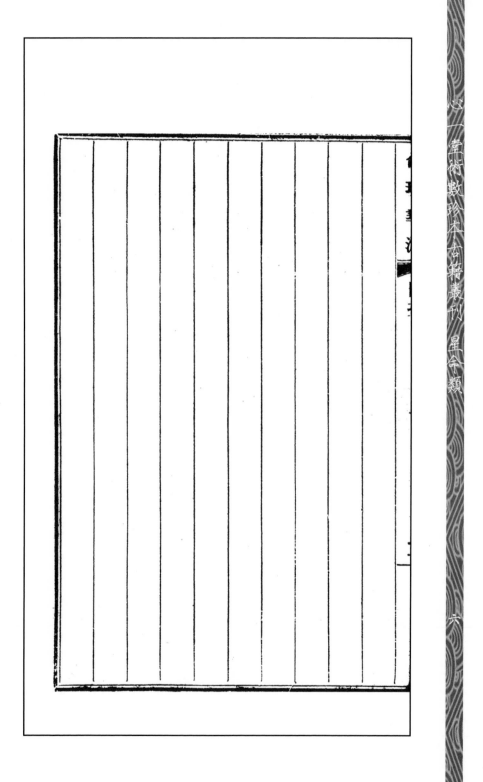

# 命理尋源

上編

武原東海樂吾氏輯

## 先天八卦本數

聖人則圖劃卦。卦數即圖書之數。先天八卦之本數。自當取於河圖。陰逆

| | | | | | |
|---|---|---|---|---|---|
| 四 | ☴ | 巽 | 乾 | ☰ | 九 |
| 二 | ☵ | 坎 | 兌 | ☱ | 七 |
| | | 五 | | | |
| 八 | ☶ | 艮 | 離 | ☲ | 三 |
| 六 | ☷ | 坤 | 震 | ☳ | 一 |

陽順。以合於一六、二七、三八、四九、之匹偶。而陰陽相對。皆得五數。如雷風一四、合五也。水火二三、合五也。山澤七八、合十五。天地九六、合十五。皆五也。仍以五為中樞。而一六為地雷復。九四為天風姤。二七為水澤節。三八為火山旅。所謂布五行於四時。無不合也。和而後

月生。此納甲所以用先天之象而取後天之數也。

### 後天八卦本數

坎、離、乾、巽、震、兌、乾、艮、皆相對。與卦位合。惟坤二與艮八之位互易。（即洛書之數。）五運中樞。而十暗寓於八方。

| 九 | 八 | 七 | 六 |
|---|---|---|---|
| ☲ | ☶ | ☱ | ☰ |
| 離 | 艮 | 兌 | 乾 |
| 巽 | 震　五 | 坤 | 坎 |
| ☴ | ☳ | ☷ | ☵ |
| 四 | 三 | 二 | 一 |

所謂通變化而行鬼神者。即在此坤艮易位之妙用。故曰神樞鬼藏。向來道家珍爲神祕。非入其門奧。不肯輕泄。實則邵子天根月窟。子正在丑午正在未數言。己不啻明明揭示。特後人不自悟耳。

### 先後天八卦合數

先後天八卦既各有本位本數。而體用相生。升降變化。由合而分。亦由分而合。是以易之彖象。凡涉言數。亦各有體用之不同。先天八卦本數者。以河圖爲體者也。後天八卦本數者。以洛書爲體者也。先後八卦合數者。兼先後天之象而納十干之數者也。此數相傳最古。虞氏易即用此數也。

虞易卦數

| | | | | | |
|---|---|---|---|---|---|
| 六 | ☲ | 癸 | 辛 | ☴ | 四 |
| 七 | ☶ | 丁 | 甲 | ☰ | 三 |
| 八 | ☷ | 乙 | 丙 | ☱ | 二 |
| 九 | ☳ | 庚 | 壬 | ☵ | 一 |

虞易卦位

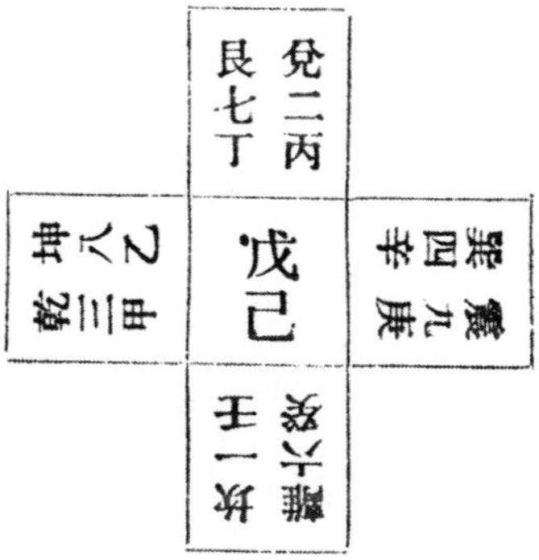

古納甲圖。東方甲乙配乾坤。南方丙丁配兌艮。西方庚辛屬震巽。而坎戊離巳中央。因壬癸爲乾坤兼納也。此圖壬癸居北屬坎離。以坎離代乾坤。有作離一坎六者。陰陽互根。亦自可通。幷前兩圖合觀之。當知邵子數與易之分別矣。

天地範圍數

天地範圍數。相傳即連山卦數。因其以艮爲始終。所謂範圍天地而不過。曲成萬物而不遺也。舉例如左。

天一　地二　天三　地四　天五

甲一　乙二　丙三　丁四　戊五

地六　天七　地八　天九　地十

己六　庚七　辛八　壬九　癸十

甲數一　甲木生丙火　艮納丙　故艮卦數一　統丑寅支

乙數二　乙木生丁火　兌納丁　故兌卦數二　統酉支

丙數三　丙火生戊土　坎納戊　故坎卦數三　統子支

丁數四　丁火生己土　離納己　故離卦數四　統午支

戊數五　戊土生庚金　震納庚　故震卦數五　統卯支

巳數六　巳土生辛金　巽納辛　故巽卦數六　統辰巳二支

庚數七　庚金生壬水　乾外納壬　老陽無七。七者、卦之窮也。故易曰六爻。發揮三極之道。蓋庚者更也。六十四卦大成。七中無卦也。

辛數八　辛金生癸水　坤外納癸　故坤卦數八　統未申二支

壬數九　壬水生甲木　乾內納甲　故乾卦數九　統戌亥二支

癸數十　癸水生乙木　坤內納乙　老陰無十。十者、數之終也。數至九而止。十者過其位也。然十即一也。十百千萬皆一也。

## 連山易數

| | | |
|---|---|---|
| 艮丙 | 一 | 艮成始始萬物〇〇〇〇〇〇〇〇〇〇〇〇 |
| 兌丁 | 二 | 〇 |
| 坎戊 | 三 | 〇 |
| 離己 | 四 | 坤八 乙癸　乾九 甲壬　艮十 成數 |
| 震庚 | 五 | 〇 |
| 巽辛 | 六 | 〇 |
| 艮丙 | 七 | 艮成終終則有始〇〇〇〇〇〇〇〇〇〇〇 |

右古圖始艮一終艮十。而又以艮七爲用。象數體用皆艮。故有連山易數之名。雖未必即爲連山。而其象則兼先後天。數則合河圖洛書。與納甲納音融會而貫通之者也。天地萬物之數。莫能外於是矣。陽數極於九。陰數極於六。陽、天也。天之用皆見於地。故數至六而體全。得七而六數之用行也。太陽無七。太陰無十。而艮兼用一七十者。一始十終。七得具成終始之用者也。

## 八卦成列數

坎子一。艮丑二寅三震卯四。巽辰五。巳六。離午七。坤未八。申九。兌酉十。乾戌亥無數。子午南北至。卯酉春秋分。寒暑往來日月出入。先天艮闕。後天乾無。皆以無出有。此易數之精義入神。易道之廣大悉備。皆在此八卦成

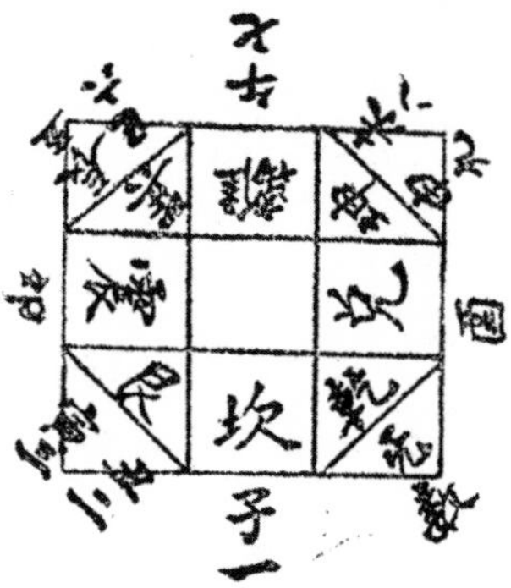


列之時位象數。彖象十翼之辭。無一辭一字不由象數而來。舍象數而言辭。辭烏從得哉。此圖之數。前人所未言。淸季端木鶴田氏始創爲此圖。簡要精當。足與經傳相參證。與舊有諸圖會而通之。不但於數理之要領可得。而古今來占筮推步之本原。悉在於是矣。

參同契先天納甲圖

先天八卦。以乾坤坎離爲四正。震巽艮兌爲四維。四正者所以立體。故河圖之位。亦祇列四方。乾坤坎離者。卽天地水火。（以歷象言。離坎亦爲日月。）水火者天地之大用。合天地水火、而萬象無不畢舉矣。釋氏言地水火風。西儒言水火土氣。亦即乾坤坎離也。坎水。離火。地卽土。天卽氣也。釋氏言風。風亦氣也。邵子（觀物外篇）所謂震始交陰而陽生者。謂乾與坤接而震一陽生於下。參同契曰三日出爲爽震庚受西方。言三日之夕。月見庚方。納震一陽之氣也。巽始消陽而陰生者。謂坤與乾交。而巽一陰生於下。參同契曰。十六轉就緒。巽辛見平明。言十六日旦。月退辛方。納巽一陰之氣也。自震一陽進而納兌之二陽。至乾三陽而滿。兌納丁。乾納甲。此望前之候。明生魄死之月象也。自巽一陰退而納艮之二陰。至坤三陰而滅。艮納丙。坤納乙。此望後三侯魄生明死之月象也。此所謂納甲。雖出於參同契。虞氏翻說易皆本於此。與先天八卦方位之陰陽消長悉合。可見自漢以前必有此說。魏伯陽得假之以明丹學與朝屯暮蒙之候。同爲取資於易。非伯陽所創造也。禮運曰。播五行於四時。和而後月生也。是故三五而盈。三五而闕。正合此意。播五行於四時。以一歲中四氣之流行言之。出震齊巽之方位是也。三五而盈。三五而闕。以一月中月體之消長言之。乾南坤北之方位是也。月生明謂陽之進。月生魄謂陰之退。天地之數。天數二十有五。地數三十。故一月三十日而月之得光祇二十五日。（每月二十八日至初二日。月無光也。）參同契曰。七八數十五。九六亦相當。四者合三十。陽氣索滅藏。此象數兼資。不能離數以言象。亦不能離象以言數也。

納甲之說。不但與先天八卦之陰陽消長相合。與河圖之數位亦合。河圖三八居東、爲甲乙木。二七居南、爲丙丁火。四九居西、爲庚辛金。一六居北、爲壬癸水。五十居中、爲戊己土。乾納甲。坤納乙。東方木也。兌納丁。艮納丙。

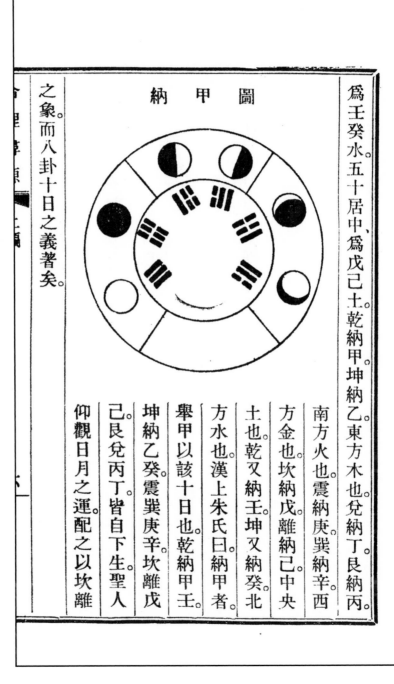

## 納甲圖

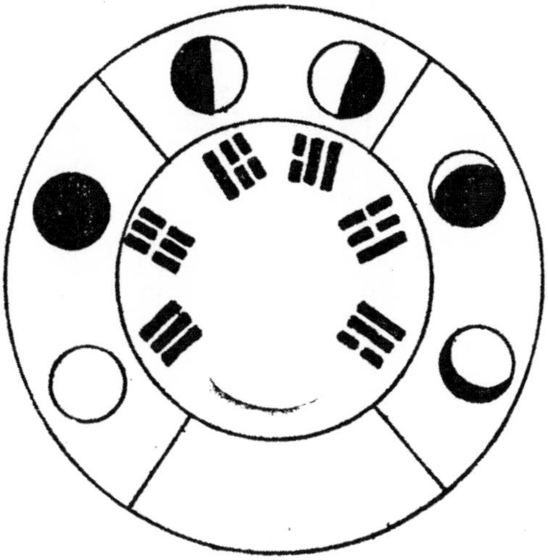

南方火也。震納庚。巽納辛。西方金也。坎納戊。離納己。中央土也。乾又納壬。坤又納癸。北方水也。漢上朱氏曰。納甲者。舉甲以該十日也。乾納甲壬。坤納乙癸。震巽庚辛。坎離戊己。艮兌丙丁。皆自下生。聖人仰觀日月之運。配之以坎離之象。而八卦十日之義著矣。

乾坤甲乙。艮兌丙丁。震巽庚辛。如上圖。坎離戊己。爲日月本體。故圖未列。
乾又納壬。坤又納癸。乃陽中之陰。陰中之陽。目所不見。故亦不列於圖。
繫傳曰。懸象著明。莫大乎日月。虞氏註謂日月懸天成八卦象。三日暮震象、月出庚。八日兌象、月見丁。十五乾象、月盈甲壬。十六日旦巽象、月退辛。二十三日艮象、月消丙。三十日坤象、月滅乙癸。晦夕朔旦則坎。坎象水流戊。日中則離。離象火就己。戊己土位。象見於中。日月相推而明生焉。坤彖西南得朋。虞曰陽喪滅坤。坤終復生。此指說易道陰陽之大要也。又曰消乙入坤。滅藏於癸。
參同契原圖如下

## 先天八卦對待圖

乾坤定上下之位。所謂懸象也。

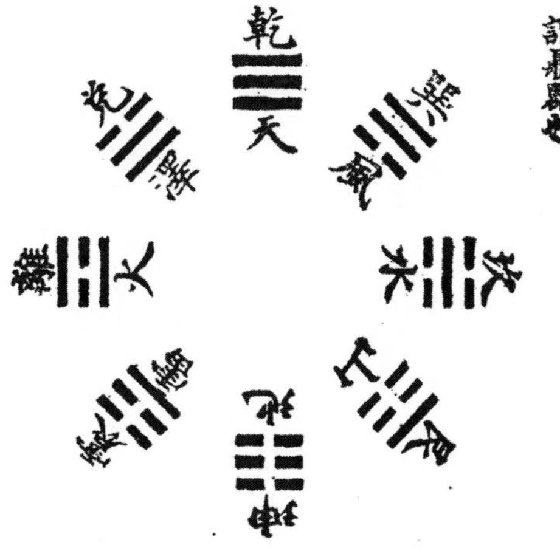


坎離司左右之門。所謂藥物也。

## 後天八卦流行圖

南北相交。舉水流火。東西相交。金伐木榮。

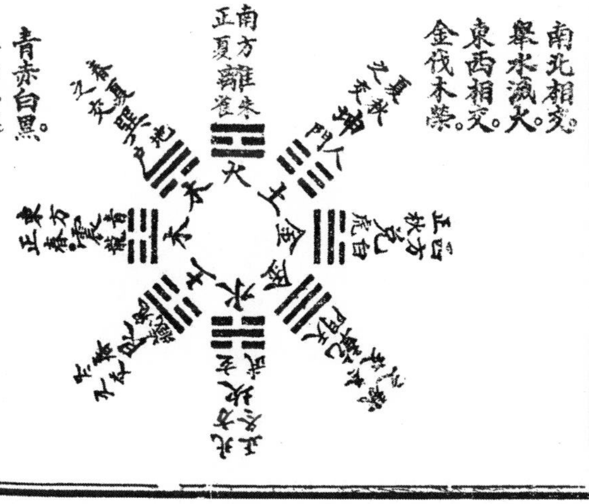


青赤白黑。各居一方。自艮至坎。歲功順行。

## 一月六候圖

坎離配為藥物。

餘六卦為火候。

## 六候納甲圖

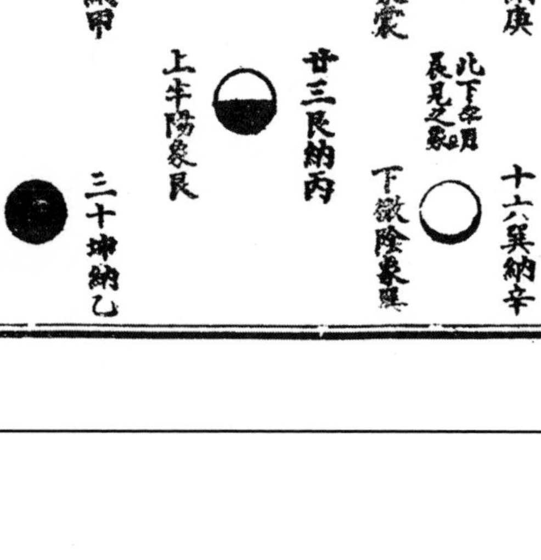


十五為陽之極。十六為陰之始。契從交接之界言耳。初三本與十八為正對也。

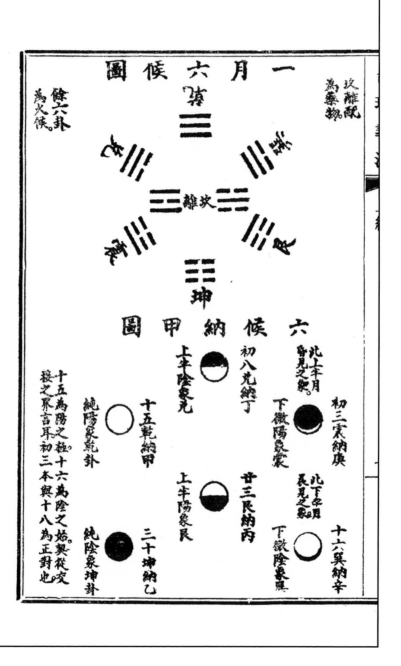

納甲圖坎離、日月也。戊己、中土也。晦夕朔旦。坎象流戊。日中則離。離象就己。三十日會於壬。三日出於庚。八日見於丁。十五日盈於甲。十六日退於辛。二十三日消於丙。二十九日窮於乙。滅於癸。乾息坤成。巽、十六日也。艮、二十三日也。二十九日而坤體就。出庚見丁者指月之盈虛而言。非八卦之定體也。甲乾乙坤。相得合木。故甲乙在東。丙艮、丁兌相得合火。故丙丁在南。戊坎己離。相得合土。故戊己在中。庚震、辛巽。相得合金。故庚辛在西。天壬、地癸。相得合水。故壬癸在北。

參同契曰。天地設位而易行乎其中矣。天地者。乾坤之象也。設位者。列陰陽配合之位也。易謂坎離。坎離者。乾坤二用。二用無爻位。周流六虛。往來既不定。上下亦無常。幽潛淪匿。升降於中。包囊萬物。爲道紀綱。

虞氏易卦位。乾坤列東。艮兌列南。震巽列西。坎離居中。與納甲圖同。蓋先天卦位立其體。故天地定位。日東月西。陰陽消長。各循其序。納甲言其用。故卦各從其所納之方。雖異而實同也。離東坎西。至望夕則日西月東。坎離易位。其離中一陰。卽是月魄。坎中一陽。卽是日光。東西正對。交注於中。此二用之氣。所以納戊己也。故曰坎戊月精。離己日光。日月爲易。剛柔相當。蟾蜍與兔魄。日月氣雙明也。乾納甲而又納壬。坤納乙而又納癸者。以乾之中晝。卽太陰之精。望夕夜半。月當乾。納其氣於壬方地中（地中者地之下面也。）對月之日也。坤之中晝。卽太陽之精。晦朔之間。日在坤。納其氣於癸方地中合日之月也。徐敬可曰。望夕之陽既盈於甲。其夜半日行至壬而月與爲衡。日中原有陰魄。所謂離中一陰者。平時含蘊不出。（今西人以遠鏡窺日中有甚大黑影與離卦之象適合。至是盛陽將革。又感正對之陰。乃充溢流滋而爲生陰之本。故其象爲⊙即望夕夜半壬方之日也。晦旦之陽既盡於乙。其夜半日行至癸而月與同躔。月中原有陽精。今西人遠鏡窺見月中有類於河流者其形不定。雖未斷爲即月中之陽精然與坎卦之象亦無不合矣所謂坎中一陽者。平時胚渾而不分。至是則盛陰將革。又感摩戛之陽。乃剖發迸洩而爲生陽之本。故其象爲○即晦朔間癸方之月也。故曰壬癸配甲乙。乾坤括始終。此論納甲極精。以證先天卦。益可見漢人以前必有相傳之學說。或即許叔重所謂祕書之類。說文日月爲易。引祕書。不但非陳邵所創造。亦非魏伯陽所能創造也。

萬氏彈峯曰。天地定位一節。孔子已發明納甲之旨。得參同契其義始著。以六卦證月候。而坎離爲日月之本體。居中不用。五行家謂初三以後庚金旺。初八以後丁火旺。十五以後甲木旺。十六以後辛金旺。二十三以後丙火旺。三十日以後乙木旺癸水旺。蓋月受日之精光。而五行又受日月之精光。故乘日月所泊之地而旺也。東方朔以納甲五行定人命之吉凶禍福。則其說亦不起於參同契也。

京氏六爻納辰圖

先天八卦。以陰陽升降。應日月之晦朔弦望。於是有納甲。因而重之爲六十四卦。卦有六爻。卦納幹而爻納支。於是乎有爻辰。辰者、天度十二宮之次舍。而地支之十二與天度相應者也。漢人言爻辰者。有鄭氏有京氏。其說不同。鄭氏以乾陽坤陰十二爻順逆交錯以應十二月。而又以六十四卦之爻合乾坤。分二十八宿之度數星象合卦爻之象以釋經。其書久佚。

僅自李氏集解、及各經注疏、采集其說。但存其梗概而已。有清戴氏棠據甘石星經開元占經等書。按六十四卦之彖象繫辭。有以星象名義或形似相類。援鄭例而補之。名爻辰補。然於經義象數。均有未當。無足采焉。京氏納辰爲古今術家所遵用。證之於彖象十翼。多能相合。有與經義相發明。爲經學家所不能道者。始知黃帝五甲六子三元九宮實探陰陽造化之祕。明天人之際。以濟世利民者。固不僅卜筮之用也。康成生於漢季。施孟梁邱之易已多失傳。獨費氏因其說簡約而獨存。康成亦有所不足。故采取殘缺之緯書。兼及五行律曆星象以釋卦爻。固費易之所無。或亦三家之遺義也。惜其書又亡。致三代之易不能盡見於今。猶幸京易雖亡。而八宮世應納音納甲之數。猶得貫通。得與周易相參證。乃學者又畏其繁瑣。目爲蕪穢。必盡棄之以自翔擴清之功。易道又何自明哉。

卦納甲而爻納辰。京氏以陽順陰逆交錯爲用。以乾坤爲綱。六子分乾坤之爻。以次相推。仍以本宮爲體。而六爻所納之支。視其與本宮生克以爲親疏遠近利害之分。圖如下。

| | | | | | | |
|---|---|---|---|---|---|---|
| 乾宮金 | 壬戌土 | 壬申金 | 壬午火 | 甲辰土 | 甲寅木 | 甲子水 |
| 坎宮水 | 戊子水 | 戊戌土 | 戊申金 | 戊午火 | 戊辰土 | 戊寅木 |
| 艮宮土 | 丙寅木 | 丙子水 | 丙戌土 | 丙申金 | 丙午火 | 丙辰土 |
| 震宮木 | 庚戌土 | 庚申金 | 庚午火 | 庚辰土 | 庚寅木 | 庚子水 |
| 坤宮土 | 癸酉金 | 癸亥水 | 癸丑土 | 乙卯木 | 乙巳火 | 乙未土 |
| 兌宮金 | 丁未土 | 丁酉金 | 丁亥水 | 丁丑土 | 丁卯木 | 丁巳火 |
| 離金火 | 己巳火 | 己未土 | 己酉金 | 己亥水 | 己丑土 | 己卯木 |
| 巽宮木 | 辛卯木 | 辛巳水 | 辛未土 | 辛酉金 | 辛亥水 | 辛丑土 |

陽卦納陽於陽支皆順行。陰卦納陰於陰支皆逆行。乾內納甲。外納壬。支

起子。子寅辰午申戌順行。坤內納乙。外納癸。支起未。未巳卯丑亥酉逆行。陰陽交錯以相合爲用者也。故乾生震。震爲長子。長子代父納庚。而六爻之支、與乾全同。子寅辰午申戌皆順行也。坎中男得乾中爻。乾內卦中爻寅。坎納戊。故初爻自寅起。爲戊寅、戊辰、戊午、戊申、戊戌、戊子也。艮少男得乾上爻。乾內卦三爻辰。艮納丙。故初爻自辰起。爲丙辰、丙午、丙申、丙戌、丙子、丙寅也。坤生長女爲巽。長女代母而納辛。不起於丑而起於未。與震襲乾不同者。此男女之別。陰陽之分。女以出爲歸。故自內出外。由四爻起未。五巳上卯。而反至初爲丑、二爲亥、三爲酉也。離爲中女。得坤中爻。故於外中五起未。兌爲少女。得坤上爻。故於外上起未。皆未巳卯丑亥酉。與巽同例也。季彭山不知陰陽之別。妄改坤起乙丑。又有不分陰陽、不知本末妄改乾爲甲子甲戌甲午甲寅甲辰者皆絕無意義學者不可爲所誤也。

## 鄭氏爻辰圖

鄭氏爻辰。亦以陰陽六爻相間用事。乾子寅辰午申戌。其次與京氏同。而坤則爲未酉亥丑卯巳。與京氏異。陰陽雖間一位而皆順行。蓋以十二律相生爲據也。他卦分乾坤之爻亦分乾坤之辰。不論納甲。

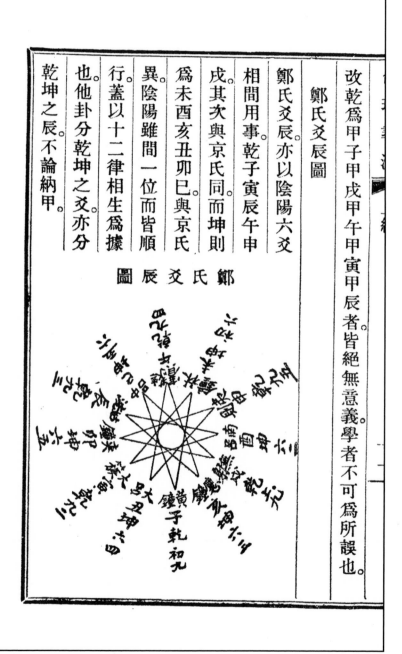

鄭氏爻辰圖

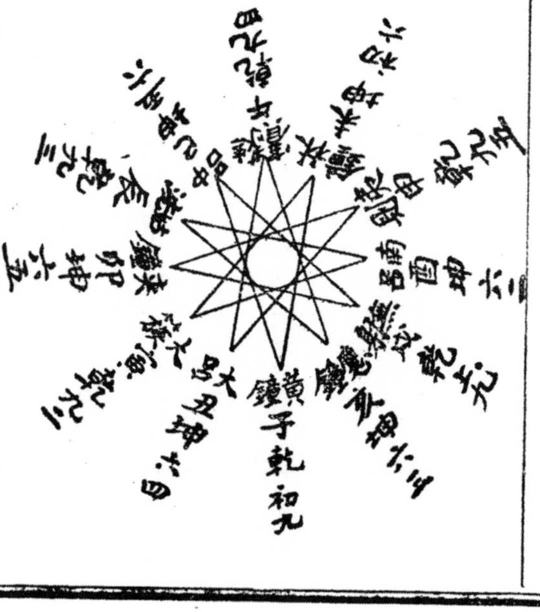

## 十二律納音圖

納音始於黃帝。今內經所載最詳。京氏六十律與甲子分配。自是古法。蓋以一律納五音。十二律納六十音。內經五音始於金。傳火、傳木、傳水、傳土。陽律陰呂隔八相生。葛稚川曰。一言得之者、宮與土。（所屬者卽一言而得。）三言得之者、徵與火。（如戊去庚三位故曰三言。下倣此。）五言得之者。羽與水。七言得之者、商與金。九言得之者、角與木。故子午九、丑未八、寅申七、卯酉六、辰戌五、巳亥四也。楊子雲太玄以火土木金水為序。與內經不同。甲子乙丑金者。言甲乙子午其數九。乙庚丑未其數八。甲子乙丑積數三十四。以五除之餘四。故為金。餘倣此數列下圖。

葛稚川氏納音圖

一言宮屬土　庚子庚午　辛丑辛未　戊寅戊申

己卯己酉　丙辰丙戌　丁巳丁亥

三言徵屬火　戊子戊午　己丑己未　丙寅丙申

丁卯丁酉　甲辰甲戌　乙巳乙亥

五言羽屬水　丙子丙午　丁丑丁未　甲寅甲申

乙卯乙酉　壬辰壬戌　癸巳癸亥

七言商屬金　甲子甲午　乙丑乙未　壬寅壬申

癸卯癸酉　庚辰庚戌　辛巳辛亥

九言角屬木　壬子壬午　癸丑癸未　庚寅庚申

辛卯辛酉　戊辰戊戌　己巳己亥

## 楊子雲積數納音圖

| | | |
|---|---|---|
| 甲子乙丑三十四金 | 甲申乙酉三十水 | 甲辰乙巳二十六火 |
| 丙寅丁卯二十六火 | 丙戌丁亥二十二土 | 丙午丁未三十水 |
| 戊辰己巳二十三木 | 戊子己丑三十一火 | 戊申己酉二十七土 |
| 庚午辛未三十二土 | 庚寅辛卯二十八木 | 庚戌辛亥二十四金 |
| 壬申癸酉二十四金 | 壬辰癸巳二十水 | 壬子癸酉二十八木 |
| 甲戌乙亥二十六火 | 甲午乙未三十四金 | 甲寅乙卯三十水 |
| 丙子丁丑三十水 | 丙申丁酉二十六火 | 丙辰丁巳二十二土 |
| 戊寅己卯二十七土 | 戊戌己亥二十三木 | 戊午己未三十一火 |
| 庚辰辛巳二十四金 | 庚子辛丑三十二土 | 庚申辛酉二十八木 |

壬午癸未二十八木　壬寅癸卯二十四金　壬戌癸亥二十水

按甲己子午九。乙庚丑未八。丙辛寅申七。丁壬卯酉六。戊癸辰戌五。巳亥四。巳亥對宮。亥空爲虛。巳與虛對爲孤。巳亥者孤虛之數也。黃黎洲先生象數論所評隲者。頗多未當。其謂甲子乙丑金者。甲九子九、乙八丑八、積三十四。以五除之、餘四。故爲金。其數則是。其術則非也。蓋納音得數之算法。當以大衍爲本。以大衍五十之數去一、除去甲己子午之積數。餘則以五除之。得一則屬水。水生木。其納音爲木。丙寅丁卯之爲火。當以積數二十六。除大衍五十去一餘二十三。以五除之、餘三屬木。木生火。故納音爲火。甲子乙丑之積三十四。以除大衍五十去一之數、餘五。五屬土。土生金。非三十四除五餘四之謂也。

納音納甲與天干地支。皆始於黃帝。蓋自伏羲畫卦。利用宜民。至神農黃帝。文明日進。變化益繁。非單純八卦象數所能濟用。故益之以陰陽五行、天五地六、迎日推曆。布算測地。以盡八卦之用。所謂窮則變。變則通。通則久。納甲取先天。法象乎日月。仰以觀於天文也。納音以先天合後天。取數於陰陽十二消息。以布五行。俯以察於地理也。故京孟之易。悉本於此。朱元昇三易備遺推衍納音最詳。巳亥數伏一六相合。以爲即歸藏之數。非無見也。（律呂相生圖同鄭氏爻辰圖不重列）

按納音歌訣、甲子乙丑海中金三十句。不知始於何時。其取譬之意。悉從卦中衍出。詳見無錫黃元炳氏河圖象說納音先後五行合一觀。不贅。術數家援用之。無非明五行剛柔旺衰之理。茲列圖如右。

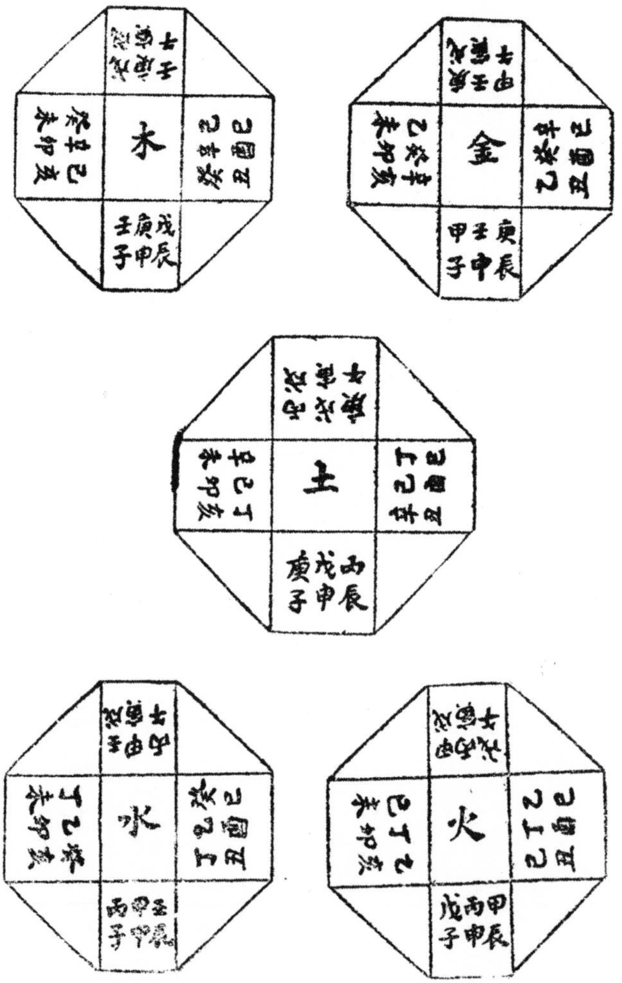
金
木
土
火
水

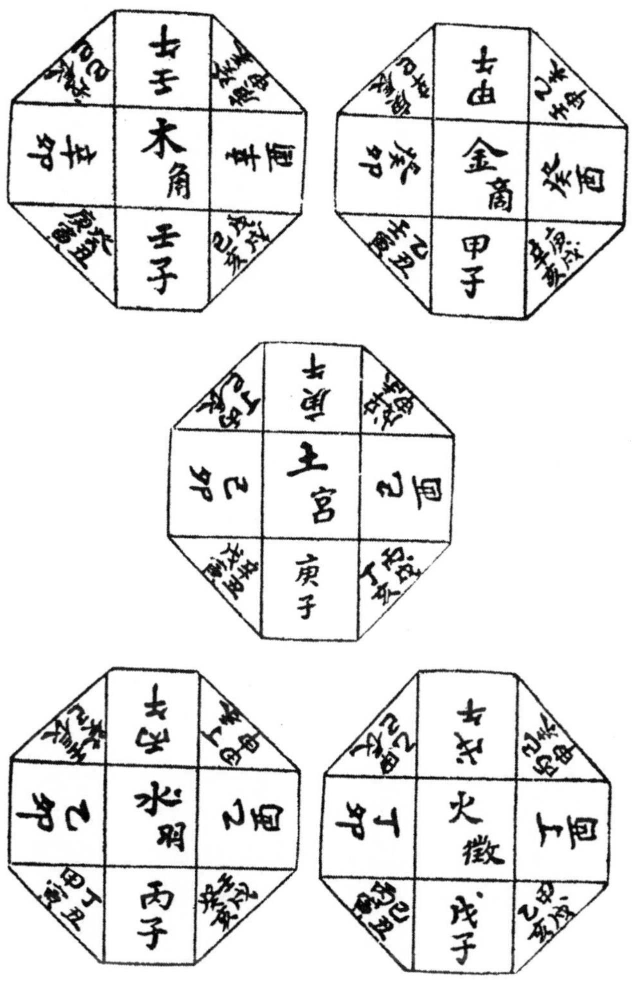
金 商
甲子
木 角
壬子
土 宮
庚子
火 徵
戊子
水 羽
丙子

| 行（音） | 干支 | 納音 | 干支 | 納音 |
| --- | --- | --- | --- | --- |
| 金（商） | 甲子乙丑 | 海中金 | 甲午乙未 | 砂中金 |
| | 壬寅癸卯 | 金箔金 | 壬申癸酉 | 劍鋒金 |
| | 庚辰辛巳 | 白鑞金 | 庚戌辛亥 | 釵釧金 |
| 火（徵） | 戊子己丑 | 霹靂火 | 戊午己未 | 天上火 |
| | 丙寅丁卯 | 爐中火 | 丙申丁酉 | 山下火 |
| | 甲辰乙巳 | 覆燈火 | 甲戌乙亥 | 山頭火 |
| 木（角） | 壬子癸丑 | 桑柘木 | 壬午癸未 | 楊柳木 |
| | 庚寅辛卯 | 松柏木 | 庚申辛酉 | 石榴木 |
| | 戊辰己巳 | 大林木 | 戊戌己亥 | 平地木 |
| 水（羽） | 丙子丁丑 | 澗下水 | 丙午丁未 | 天河水 |
| | 甲寅乙卯 | 大溪水 | 甲申乙酉 | 井泉水 |
| | 壬辰癸巳 | 長流水 | 壬戌癸亥 | 大海水 |
| 土（宮） | 庚子辛丑 | 壁上土 | 庚午辛未 | 路旁土 |
| | 戊寅己卯 | 城頭土 | 戊申己酉 | 大驛土 |
| | 丙辰丁巳 | 砂中土 | 丙戌丁亥 | 屋上土 |

五運六氣圖

五運六氣。天地陰陽之橐鑰。其傳最古。今惟內經言之最詳。聖人作易。法象乎天地。近取諸身。遠取諸物。而天地萬物。皆範圍乎運氣之中。所謂造化之機。與

五運圖

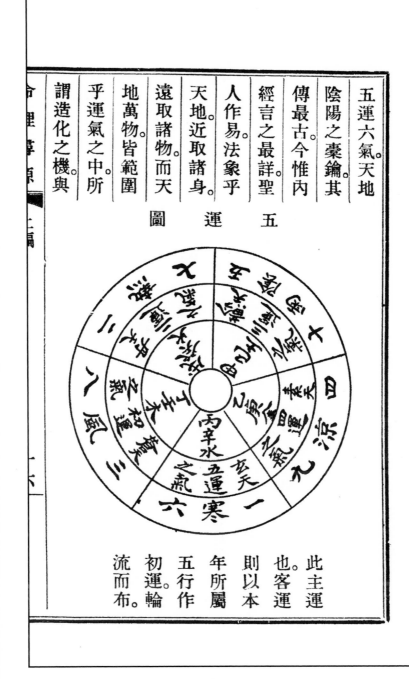

此主運也。客運則以本年所屬五行作初運。輪流而布。

吾人身心性命。息息相關。民胞物與。豈空言所濟。讀董子、春秋繁露、淮南鴻烈、楊子法言。當知斯言之非妄也。

六氣圖

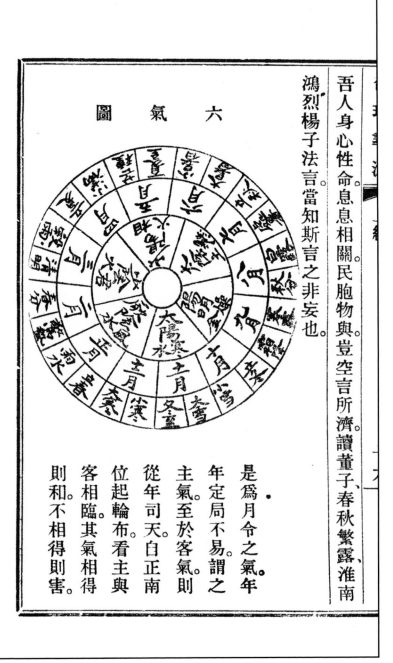

是爲月令之氣。年年定局不易。謂之主氣。至於客氣。則從年司天。自正南位起輪布。看主與客相臨。其氣相得則和。不相得則害。

## 五運大論（節錄內經）

岐伯曰。天氣始於甲。地氣始於子。子甲相合。命曰歲立。謹候其時。氣可與期。（子甲相合。命可與期。則甲子歲也。謹候水刻早晏。悉可與期耳。）甲子之歲。初之氣、天氣始於水下一刻。（常起於平明寅初一刻。巳中之南也。）（新校正云。按戊辰、壬申、丙子、庚辰、甲申、戊子、壬辰、丙申。庚子、甲辰、戊申、壬子、丙辰、庚申、歲同。此所謂辰申子歲氣會同。陰陽法以是爲三合。）終於八十七刻半。（子正之中。夜之半也。外十二刻半入二氣之初。諸餘刻同入也。）二之氣、始於八十七刻六分。（子中之左也。）終於七十五刻。（戌之後四刻也外二十五刻入氣。三氣之初率。）三之氣、始於七十六刻。（亥初之一刻。）終於六十二刻半。（酉正之中也。外三十七刻半差入後。）四之氣、始於六十二刻六分。（酉中之北。）終於五十刻。（未後之四刻也。外五十刻差入後。）五之氣、始於五十一刻。（申初之一刻。）終於三十七刻半。（午正之中。晝之半也。外六十二刻半差入後。）六之氣、始於三十七刻六分。（午中之酉）終於二十五刻。（辰正之後四刻、外七十五刻差入後。）所謂初六天之數也。（天地之數二十四氣乃大會而同。故命此曰初六天數也。）乙丑歲初之氣、天數始於二十六刻。（巳初之一刻。）（新校正云。按己巳、癸酉、丁丑、辛巳、乙酉、己丑、癸巳、丁酉、辛丑、乙巳、己酉、癸丑、丁巳、辛酉、歲同。所謂巳酉丑、歲氣會同也。）終水於一十二刻半。（卯正之中。）二之氣、始於一十二刻六分。（卯中之南。）終於水下百刻。（丑後之四刻。）三之氣、始於一刻。（又寅初之一刻）終於八十七刻半。（子正之中。）四之氣、始於八十七刻六分。（子中正東。）終於七十五刻。（戌後之四刻。）五之氣、始於七十六刻。（亥初之一刻。）終於六十二刻半。（酉正之中。）六之氣、始於六十二刻六分。（酉中之北。）終於五十刻。（未後之四刻。）所謂六二。天之數也。（一六爲初六。二六爲六二。名次也。）丙寅歲。初之氣、天數始於五十一刻。（申初之一刻。）按新校正云、庚午、甲戌、戊寅、壬午、丙戌、庚寅、甲午、戊戌、壬寅、丙午、庚戌、甲寅、戊午、壬戌、歲同此。所謂寅午戌歲氣會同。）終於三十七刻半。（午正之中）二之氣、始於三十七刻六分、（午中之西、）終於二十五刻。（辰後之四刻。）三之氣、始於二十六刻。（巳初之一刻。）終於一十二刻半。（卯正之中。）四之氣、始於一十二刻六分。（卯中之南。）終於水下百刻。（丑後之四刻。）五之氣、始於一刻。（寅初之一刻）終於八十七刻半。（子正之中。）六之氣、始於八十七刻六分。終於七十五刻。（戌後之四刻）所謂六三。天之數也。丁卯歲。初之氣、天數始於七十六刻。（亥初之一刻）新校正云。按辛未、乙亥、巳卯、癸未、丁亥、辛卯、乙未、己亥、癸卯、丁未、辛亥、乙卯、巳未、癸亥、歲同此。所謂卯未亥歲氣會同。）終於六十二刻半。（酉正之中。）二之氣、始於六十二刻六分。（酉中之北。）終於五十刻。（未後之四刻。）三之氣、始於五十一刻。（申初之二刻。）終於三十七刻半。（午正之中。）四之氣、始於三十七刻六分。（午中之西。）終於二十五刻。（辰後之四刻。）五之氣、始於二十六刻。（巳初之一刻。）終於一十二刻半。（卯正之中。）六之氣、始於一十二刻六分。（卯中之南。）終於水下百刻。（丑後之四刻。）所謂六四。天之數也。次戊辰歲。初之氣、復始於一刻。常如是無已。周而復始。（始自甲子年。終於癸亥歲。常以四歲爲一小周一十五周爲一大周。以辰命歲。則氣可與期。）日行一周。天氣始於一刻。（甲子歲也。）日行再周天氣始於二十六刻。（乙丑歲也。）日行三周。天氣始於五十一刻。（丙寅歲也。）日行四周。天氣始於七十六刻。（丁卯歲也。）日行五周天氣復始於一刻。（戊辰歲也。餘五十五歲循環。周而復始矣。）所謂一紀也。（法以四年爲一紀。循環不已。餘三歲一會。周故有三合也。）是於寅午戌歲氣會同。卯未亥歲氣會同。辰申子歲氣會同。巳酉丑歲氣會同。終而復始。陰陽法以是爲三合者。緣其氣會同也。不爾、則各在一方。義無由合。

十二次列宿分野圖

壽火折木星紀起。玄枵陬訾降婁繼。大梁實沈鶉首排。鶉火鶉尾十二次。鄭宋燕吳齊衛魯。趙晉秦周更及楚。袞豫幽楊青與并。徐冀兗雍三河荊。

日月之會謂之辰。一歲日月十二會。會必於東方蒼龍角亢之星。角亢始於辰。故歌皆從辰起。辰、星纏之首。歲紀之始。

曆書木精曰歲星。火熒惑。土鎮星。金太白。水辰星。五者各行於天。二十八宿着天不動爲經。五星若織之經緯爲緯。天有十二次。地有十二辰。丑子亥北方之辰。次與上下相値以爲星紀。歲十有二年一周天。二十八宿分在四方。方有七宿。共成一象。東方青龍之象。西方白虎之象。南首北尾。南方朱鳥之象。北方元武之象。西首東尾。隨天西轉春初昏鶉火中。夏初昏大火中。秋初昏玄枵中。冬初昏大梁中。半隱半現。各以其時。

十二次二十八宿分野圖

按列宿之行積七十年有奇而差。二千一百十餘年而移一宮。堯時冬至日在虛。周時在牛。唐宋時在斗。元明時在箕。至遜清嘉慶年間在箕一度。是列宿之行度較堯時已移二宮矣。書載女虛危列子宮。斗牛列丑宮云云。乃宋代星纏之度。非今時星纏之度也。歷象考成後編依西洋新法分周天為三百六十

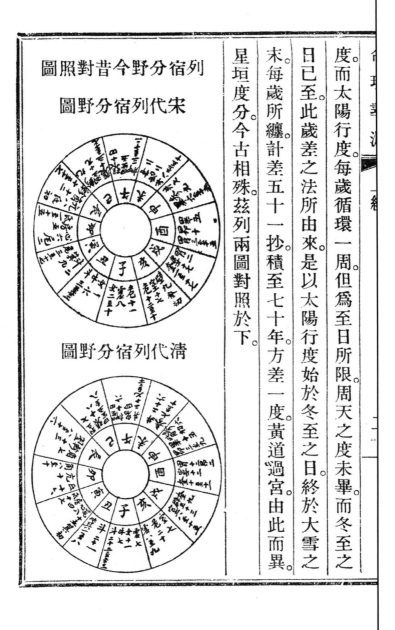

度。而太陽行度。每歲循環一周。但爲至日所限。周天之度未畢。而冬至之日已至。此歲差之法所由來。是以太陽行度始於冬至之日。終於大雪之末。每歲所纏。計差五十一抄。積至七十年。方差一度。黃道過宮由此而異。星垣度分。今古相殊。茲列兩圖對照於下。

## 列宿分野今昔對照圖

宋代列宿分野圖

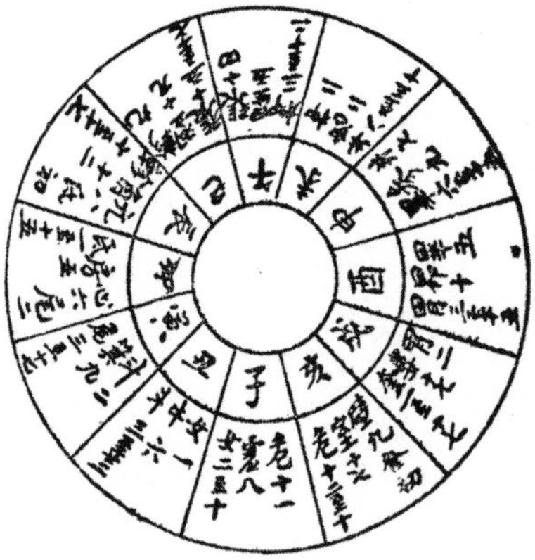

清代列宿分野圖

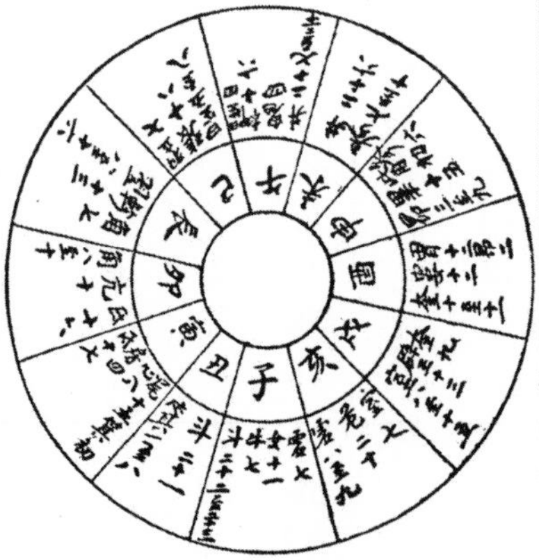

太陽過宮　宮乃黃經三十度之別稱。舊法起自冬至。新法起自春分。皆以本宮之星座命名。但因春分點退行之故。昔日之星座。今已移居他宮。

| 自春分點起算之黃經 | | | 宮名 | 交宮節氣 |
|---|---|---|---|---|
| 0 | 至 | 30 | 降婁戌宮 | 春分 |
| 30 | ,, | 60 | 大梁酉宮 | 穀雨 |
| 60 | ,, | 90 | 實沈申宮 | 小滿 |
| 90 | ,, | 120 | 鶉首未宮 | 夏至 |
| 120 | ,, | 150 | 鶉火午宮 | 大暑 |
| 150 | ,, | 180 | 鶉尾巳宮 | 處暑 |
| 180 | ,, | 210 | 壽星辰宮 | 秋分 |
| 210 | ,, | 240 | 大火卯宮 | 霜降 |
| 240 | ,, | 290 | 析木寅宮 | 小雪 |
| 270 | ,, | 300 | 星紀丑宮 | 冬至 |
| 330 | ,, | 330 | 元枵子宮 | 大寒 |
| 336 | ,, | 360 | 娵訾亥宮 | 雨水 |

故今日之宮名。祇爲宮之標識而已。茲將宮名、及其黃經度數、交宮節氣。列表於下。（錄天文年歷）

# 命理尋源

## 下編

### 八卦五行之用

武原東海樂吾氏輯

說卦帝出乎震、及神也者兩節。皆言後天八卦之用者也。術家言、後天八卦。皆居旺地。語雖俚鄙。而所見甚精。蓋帝出乎震之帝。非專屬震卦。帝者、主也。主權所在。卽王也。術家曰旺。卽王之用。太平御覽五行休旺論曰立春、艮旺、（艮居丑寅之交。立春之候也。）震相、巽胎、離沒、坤死、兌囚、乾廢、坎休。立夏巽旺、（巽居辰巳之交立夏之候也。）離相、坤胎、兌沒、乾死、坎囚、艮廢、震休。立秋、坤旺、（坤居未申之交。立秋之候也。）兌相、乾胎。坎沒、艮死、震囚、巽廢、離休。立冬、乾旺。（乾居戌亥之交。立冬之候也。）坎相、艮胎、震沒、巽死、離囚、坤廢、兌休。唐典王相胎沒死囚休廢。爲八卦之氣。王充論衡亦同。得地爲旺。旺之衡、死。旺所生、相。相之衡、囚。胎之對、廢。沒之對、休。淮南墜形訓曰。五行木壯、水老、火生、金囚、土死。火壯、木老、土生、水囚、金死。土壯、火老、金生、木囚、水死。金壯、土老、水生、火囚、木死。水壯、金老、木生、土囚、火死。

| | | | | |
|---|---|---|---|---|
| 春令 | 木王 | 火相 | 土休 | 金囚 |
| 夏令 | 火王 | 土相 | 金休 | 水囚 |
| 秋令 | 金王 | 水相 | 木休 | 火囚 |
| 冬令 | 水王 | 木相 | 火休 | 土囚 |
| 四季 | 土王 | 金相 | | |

論五行生克刑冲

庖羲畫卦。觀變陰陽。分四時。播五行。至黃帝造甲子。以天干地支分陰分陽。以經緯五運六氣。符造化之大原。備人事之終始。易道之範圍。天地曲成萬物。至此愈精愈密。後王制治。大而禮樂政刑。小而百工技藝。胥無違其規則。而醫藥卜筮風鑑諸家之導源於此者。更無論矣。自西學東漸。趨重物質之文明。斥陰陽爲謬論。指五行爲曲說。承學之士。皆吐棄而不屑道。不知陰陽之道。實根本於天地。盈天地之萬物。不論其有形可見無形可見。無一不具有一陰一陽之性。即無一能出此陰陽軌道之外者。動植諸物無論矣。即鑛物諸類。亦無不有陰陽。其他如數學之有乘除有正負。化學有分合有加減。倫理有優劣勝負。有積極消極。有演繹、有歸納。何一非一陰一陽之義哉。至五行之說。以水火木金土概之。說者疑爲不倫。不知水火木金土之五者。非僅以其質。乃所以代表陰陽之氣與數。其不以四不以六而必以五者。則參天兩地。陽常饒而陰常乏。陰陽之數。僅限以五。化合雖成六氣。而實數仍不能出五以外。此中微妙之理。非一言可盡。茲但述干支之合五行。與五行所以化合之理。熟思而詳審。當亦必有所悟也。

天干甲乙木。丙丁火。戊己土。庚辛金。壬癸水。地支亥子水。寅卯木。巳午火。申酉金。辰戌丑未土。干陽支陰。而干支之每類。又各有一陽一陰。如甲陽而乙陰。戊陽而己陰。寅陽而卯陰。申陽而酉陰。固人人所知。惟甲子何以必六十而一周。而六十甲子又各有納音。何以天干地支。又各有合。又有兩合三合。何以又有刑冲剋害生扶拱合諸名。是雖精於術者。往往知其然而不知其所以然。而向之所謂經學家。又斥為術數小道。非經生所屑言。不知五行之說。與六書同出於伏羲之八卦。而詩書禮樂春秋。又無一不本於易。六書出於八卦。孔子删詩書。定禮樂。修春秋。皆學易以後事。詳玩十翼。再讀諸經。其義自見。故不明小學而讀經。不通象數而讀易。不讀易而讀詩書禮春秋諸經。自謂通者。吾未見其果能通也。

勿以生克刑害諸說為鄙俚無足道也。彼術者之歌訣。誠多詞不雅馴。但其淵源所自。則皆出於易象。但非深求之不能知其所在耳。

## （一）五行相生

繫辭曰。生生之為易。五行之生。皆二氣感應相與、出於天地陰陽之自然。有莫之為而為、莫之致而致者。惟獨陽不生。孤陰不長。必陰陽和此和字如算學勾弦和。句股和。或勾較和之和。內有節度分寸。非僅兩者相合之謂也。而生意始萌。生之初、氣也。氣能達、則成形。氣不能達。有不及成形而消滅者矣。如天一生水。水之始、氣也。地六成之。則形立矣。其餘火木金土亦然。是謂生生。至水生木、木生火。則謂之相生。火與金則相克。不能相生。必濟之以土。而始收生金之功。故卦獨於火澤曰革。而所以神變化行鬼神者。亦胥在此艮坤二八之數。亦即天五地十之數。於地支爲丑未。實司陰陽變化之樞。由是而金生水。水復生木。循環不已。故論五行以相生爲第一義。

（二）五行相克

其反乎相生者、曰克。蓋相反之中、有相成之義。如震動反艮。兌見反伏。盛極不可無制。故相克適以相成。此言其有情者也。若無情則不足以相成、而適相害。繫辭曰。凡物之情。近而不相得則凶。或害之是也。故次曰相克。

（三）六冲

冲者。本宮之對。如子之與午。丑之與未。卯辰之與酉戌。寅巳之與申亥。皆是也。地支十二而冲者六。故曰六冲。於數言之實爲七也。自子數至午。丑數至未等。皆第七位也。是以天干遇七則稱爲煞。以干位遇七之必逢克。故名七煞。如甲至庚爲第七。庚金克甲木。丙至壬爲第七。壬水克丙火。餘可類推。而支則不盡相克也。如丑未辰戌爲比和。

（四）五合六合

合者、以陰陽氣數言之。亦以纏度次舍言之也。如甲與己合。乙與庚合。丙與辛合。丁與壬合。戊與癸合。以陰陽之氣數言之。如甲一巳六。一與六合。乙二庚七。二與七合也。餘可知矣。子與丑合。寅與亥合。卯與戌合。辰與酉合巳與申合午與未合則以天左旋而地右行以纏度之次舍言也如正月建寅日月會於亥十月建亥日月會於寅故寅與亥合也餘皆類是而地支更有三合亦曰會合如申子辰合會爲水局寅午戌合會爲火局亥卯未合會爲木局巳酉丑合會爲金局是也三合皆以中一字爲主子午卯酉於卦爲坎離震兌坎承旺於子而生於申墓於辰合始壯墓而爲一局木土火金從可知矣其義詳論於後

（五）六害

害者冲其所合者也子與丑合而未與丑冲則未爲子害也午與未合而丑與未冲則未爲午害也謂之六害易例近而不相得則凶或害之而此所謂害則爲間接而非直接故雖害而不甚凶但須相察其情或能相得

則雖害而不害。未可一概論也。如未爲子害。土克水情不相得。丑爲午害。則火生土。情能相得。僅泄氣而已。

（六）六刑

刑者數之極也。十二支寅刑巳。巳刑申。丑戌未相刑。子卯相刑。辰午酉亥相刑。蓋從巳逆數至寅。申逆數至巳。皆相隔十位。十者數之極也。數不可極。極則損。故刑與害相並論也。

（七）拱扶

曰拱曰扶。皆同類相親。如巳午同類。巳扶午而午拱巳。申酉同類。申扶酉而酉拱申。旺盛者得扶拱而益增勢位。衰弱者得拱扶而可免傾危。但必詳主幹之位與從化如何。而得失始定。苟失時失勢。雖拱扶又奚益哉。

此術家所謂生扶拱合刑沖克害者。推論皆細入毫芒。論易理雖不盡可採。然其說悉無背於象數。蓋古人於十干十二支但以紀日。六十日而一周。其紀歲月與時。別有其名。徵諸爾雅。已可見矣。後人以干支配合實足以概陰陽之氣數而盡其變化。遂並歲月時而並以干支次之。推步更密。且便於用。故至今遵用不廢。良有以也。

## 論五行干支化合

西人之歷算推步雖精。有其數而無其氣。故象亦不備。吾國之干支。則兼象數與氣三者。皆相密合。而皆各有其徵驗。非徒託諸空言者也。因其理淵源邃密。僅舉其一。已繁衍夥頤。畢生莫殫。況兼三者而盡明之。且會通之。宜其難矣。不能會通。或執此而疑彼。或是丹而非素。同一學焉。而有互相水火者。是皆由逐末而失其本。如辨認樹木者。循其葉而數之。窮年不能畢其數。即能得其數而無誤。仍不能執此以概彼焉。園師之良者。其於菓木。若北之棗梨。南之龍眼荔枝。及江浙之桑之茶。舉目望之。卽能斷其產額之確數而估其値。百無一誤者。何也。以能探其本也。象數與氣之本。盡在於易。能盡易之理。則執簡以御繁。亦若園師之估菓木已。夫何疑哉。古來言五行之氣者。莫古於內經。亦莫詳於內經。蓋人生天地氣交之中。於氣之生克制化。在在關係其生命與健康。勢使然也。茲採錄內經所言氣化之精微。以證五行大用之一端。學者能深思熟玩。以反求諸易。則所見必更有進矣。

（一）天干化合

甲己合化土。乙庚合化金。丙辛合化水。丁壬合化木。戊癸合化火。今術家多用之。鮮能知其所以然者。內經五運行大論曰、丹天之氣經於牛女戊分。黅天之氣、經於心尾己分。蒼天之氣、經於危室柳鬼。素天之氣、經於亢氐昴畢。玄天之氣、經於張翼奎婁。所謂戊己分者。奎壁角軫。則天地之門戶也。戊亥之間。奎壁之分也。辰巳之間。角軫之分也。故五運皆起於角軫。甲己之歲。戊己黅天之氣經於角軫。角屬辰。軫屬巳。其歲月建得戊辰己巳。干皆土。故爲土運。乙庚之歲。庚辛素天之氣經於角軫。其歲得庚辰辛巳。干皆金。故爲金運。丙辛之歲。壬癸元天之氣、經於角軫。其歲得壬辰癸巳。干皆水。故爲水運。丁壬之歲。甲乙蒼天之氣、經於角軫。其歲得甲辰乙巳。干皆木、故爲木運。戊癸之歲。丙丁丹天之氣經於角軫。其歲得丙辰丁巳。干皆火。故爲火運。故星命家有逢辰則化之說。亦出於此。蓋十干各有本氣。是爲五行。若五合所化者。則爲五運。曰運者、言天之五緯運。臨於辰巳者、係何緯道。（即青赤黃白黑五道）謂之登天運。主一年之門也。氣與運常司天地之門戶。戊己在角軫。則甲乙在奎壁。甲巳歲必甲戌乙亥也。故素問曰。土運之下。風氣承之。庚辛在角軫。則丙丁在奎壁。乙庚歲必丙戌丁亥也。故素問曰。金位之下。火氣承之。壬癸在角軫。則戊己在奎壁。丙辛歲必戊戌己亥也。故素問曰。水位之下。土氣承之。甲乙在角軫。則庚辛在奎壁。丁壬歲必庚戌辛亥也。故素問曰。風位之下。金氣承之。丙丁在角軫。則壬癸在奎壁。戊癸歲必壬戌癸亥也。故素問曰。火位之下。水氣承之。蓋氣盛則亢。承以制而劑之。相反所以爲功也。

## (二)地支化合

地支十二辰、或謂起於斗柄所指。非也。先有十二辰之次。然後視斗柄所指以爲月建。非先有斗柄、乃定十二辰也。日與月會、每年約十二會而一周天。雖間有閏月。然閏有閏餘。每年十二月、乃其常度也。故將三百六十五度、劃分爲十二方、以紀日月會合之舍次。天方回回諸曆皆同。惟用陽曆者以太陽。此所云月輪最低土星最高。卽離地遠近之謂。讀者以意逆之。勿以詞害意也。不應合於子丑之位。木星亦在日上。不應合於寅亥而反在日下。此所云上下者。卽新說地球之內外。所謂內行星與外行星是也。是則六合不可以配七政。有求其故而不得者。遂詆六合無憑。亦妄說也。考諸圖書。揆諸儀象。而知六衝三合、是就地體平面劃分爲十二。則方隅異位。氣亦異焉。六合是就地體橢圓之形。自下而上。層累剖分。以爲六合也。平面剖分。則土無定位。寄旺四隅。圓形豎剖。則地當在下。天當在上。仍不得列爲定位。日月在天。亦不得專配午未。蓋天頂於洛書。彭氏宗劉牧說。以五十五者爲洛書也。當配中五。地配中十。是午未合天。子丑合地。乃貫四氣而爲主者也。除去子丑午未。然後以木火水金配之。則氣象始確。木附於地。子丑既合地。則附子丑之寅亥二辰。應化合而配木。故寅月草木花。亥月草木亦花。名小陽春。亦即寅亥合木之一驗。木上生火。附於寅亥之卯戌二辰。則合化爲火。卯爲日出之方。戌爲日入之方。亦卯戌合火之徵也。由地生木。由木生火。此三者自下而生上者也。天者乾陽金精之氣。午未既合天。附於午未之巳申二辰。承天之氣。當化爲金。舊說巳申合水。己月既無水可驗。且與自上生下之義不合。今改巳申合金。申月農乃登穀、巳月麥亦稱秋。夏枯草生於亥月。是秉亥合木之氣。死於巳月。是感巳申合金之氣也。農田蔬穀。以亥月種巳月收者甚夥。稱爲上季。巳雖夏月。儼然秋金告成之候。是巳申合金之驗也。金下生水。辰酉之附於巳申者。當化爲水。舊說辰酉合金。然酉是金之定位。非氣化也。辰月更無金氣。今按辰屬三月。酉爲八月。古人以清明致水。八月觀潮。河水旺於辰月。秋汎尤大。足見辰酉二月。盛德在水也。故改辰酉合水。由天生金。由金生水。此三者乃自上而下生者也。天居於上。地居於下。水火二氣。交於兩大之中。乾坤之功用。寄於坎離。萬物之化生。不外水火。今人以午爲天頂。然暑盛必在未月。蓋天頂與地心正對之時。乃極熱。必五六月午未之交。恰與子丑合地之處。兩相正對。是天體偏未故也。丑月極寒。是地體偏丑故也。謂之十二地支。蓋天體空虛、無從分折。故就地之六面。東西南北及上下分爲十二。而時序節候俱準於是矣。子正於丑。午正於未。午七未八子一丑二。天紀爲主。故今日西曆每十二月皆各有其名。並非月也。因我國之習俗而譯之正月二月。實不當也。我國曆法。實兼太陽太陰。節氣後太陽。月次後太陰。所謂象數與氣皆備者也。或稱爲太陰曆。謬甚。

## （三）六合間氣

地支兩合三合。說已見前。更有以冲而化合者。亦維內經詳之。蓋兩支對待。衝合爲一氣者也。子午合化爲少陰熱氣。卯酉合火爲陽明燥氣。寅申合化爲少陽火氣。巳亥合化爲厥陰風氣。辰戌合化爲太陽窮氣。丑未合化爲太陰溫氣。蓋十二辰分之爲十二。合之爲六合。六合之間化生之氣。

是爲間氣。間者、隔也、雜也。十二支本相隔。因對衝則相見。相見則兩氣雜合。化成一氣。謂之間氣。雖內經祇云司天在泉。未言間氣。然在司天之左右者。爲左右間氣。則知兩相正對合同而化。以司一年之氣者。尤間氣之大者矣。上天下地。謂之兩間。人在氣交之中。實秉間隔雜合之氣以生。是以人有六氣。以生十二經。上應天之十二辰。仲景傷寒論專主六氣。深知六合交感間氣生之理。故六經括爲千古不易之法也。

（四）兩合三合

或問六冲化合。既各有其驗。則兩合三合。當然各有變化。其徵驗如何。曰兩合即前所謂子與丑合之類是也。乃日纏與月建相合。日纏右轉。月建左旋。順逆相值、而生六合。夫日月與斗建。爲氣運之主宰。日月所會者。天左旋之方位也。斗柄所指者地右轉之方位也。天體虛空。無從實測。故干支皆以日爲準的。易曰大明終始。六位時成。亦以日爲天之代表也。天左旋地右轉云者。但以表天象與地錯行之義。與西說地球繞日之說。經緯仍合。蓋如舟中與岸上。雖所見不同。而所行之里數仍相等也。

斗建與日纏合。即是地與天相合。陰陽磨蕩。氣化以生。又烏能無所徵驗乎。惟歷來推步諸家。說各不同。舊說以寅亥合木。卯戌合火。辰酉合金。巳申合水。午未合火。是五行惟火獨有二。於理不合。後人改爲午未合日月。以午配日。以未配月。用符七政之數。謂六合者。上合於天、七政之位。子丑合土星之位。寅亥合木星之位。卯戌合火星之位。辰酉合金星之位。巳申合水星之位。午未合日月之位云云。此亦出於理想。於象數未能相合。考諸事實。又無徵驗。故天彭唐氏駁之。謂午未之位最高、月輪最低。安得與日同合最高之位。子丑最下。而土星於七政行度最高。起於丑。正於未。唐氏此說甚精。

上天下地。即是天五與地十正對。午未屬天五。亦可配陽土。月令名爲中央土。主於生萬物。子丑屬地十。亦可配陰土。月令所謂土返其宅。主於終成萬物。以午未配天五。土寄旺於此。所以下能生金也。子丑配地十。土寄旺於此。所以上能生木也。此雖與舊說不合。然理較圓滿。究與象數能否確合。尙待研求。未敢遽爲定論也。

唐氏又曰。星辰之運。始則見於辰。終則伏於戌。自辰至戌。正於午而中於未。故堯典言日永星火。以正仲夏。是以午爲正也。月令於季夏未月。曰昏火中。左氏傳曰火星中而寒暑退。詩曰定之方中。皆以未爲中。蓋以天干之緯道言。則辰巳間爲黃道之中。以地支之經度言、則午未相會之處、爲天頂之中。經度起於南北極。午未合處、南極也。子丑合處、北極也。是足以補前說之未足。然閱者於天項南北極諸處。仍須活看也。

地支三合。以四正與主。（四正。子午卯酉也。於卦爲坎離震兌。）而四隅之支。只從四正以立局。木生於亥。壯於卯。墓於未。故亥卯未會木局。火生於寅。壯於午。墓於戌。故寅午戌爲火局。金生於巳。壯於酉。墓於丑。故巳酉丑會金局。水生於申。壯於子。墓於辰。故申子辰會水局。後人衍爲長生、沐浴、冠帶、臨官、帝旺、衰、病、死、墓、絕、胎、養、十二位。以差別衰旺。亦古法也。惟土旺四季。以辰戌丑未會爲土局。而無從定其生旺之次。於是有以水土爲一位者。生於申。旺於子。墓於辰。謂水土同源也。有以火土爲一位者。生於寅。旺於午。墓於戌。謂子從母也。蓋星命諸家以五行並列。缺其一、未便布算。故不得已而假定生旺墓絕之次。此須神而明之。以消息其間。未可泥也。史記貨殖傳。水毀木

飢火旱金穰而不言土。京房易傳亦言土兼於中。未定所生之位。內經言
歲氣會同。亦只有四局。六微旨大論云。甲子之歲。初之氣。天氣始於水下
一刻。謂子初初刻爲冬至也。乙丑之歲。天氣始於二十六刻。謂卯初初刻。
而寅之歲天氣始於五十一刻。謂午初初刻。丁卯之歲天氣始於七十六
刻。謂酉初初刻。戊辰之歲天氣復始於一刻。亦以子初爲冬至節。申歲亦
然。餘倣此。故申子辰歲氣會同。寅午戌歲氣會同。亥卯未歲氣會同。巳酉
丑歲氣會同。終而復始。所謂一紀也。

甲子周流六十花甲。因天干之緯道與地支之經度廣狹不同。歲星周行
五緯。旁行斜上。與經度參差不齊。故後甲子起。必六十年乃復爲甲子。內
經云上下相臨。陰陽相錯。而變生焉。應天之氣。五歲而左遷。應地之氣。六

期而環會。五六相合。凡六十歲爲一週。不及太過。斯皆見矣。蓋以十二辰所主之六氣。在上司天。以十干所合之五運。在下運行。（地支本下而在上。天干本上而在下。所謂陰陽交錯也。）十干與十二辰相錯。於是乎五運與六氣。有相生相克。風木司天而遇木運。火氣司天而遇火運。濕土司天而遇土運。燥金司天而遇金運。寒水司天而遇水運。是謂太過。如木運之歲而遇燥金司天。則木受金克。是爲不及。餘皆仿此。六氣與五運不相勝負。是爲平和。推之六十花甲之氣運。以制病藥之宜忌。此內經言氣化之最精者也。其餘如二十四位。（即天干去戊己而加坤乾艮巽。）及地支藏用。（如子藏壬癸辛。丑藏癸辛巳。之類。）五行節氣淺深之類。皆由陰陽氣化互相乘除而分析之。似淺而實深。以象數求之。各有至理。爲說甚繁。未能悉舉。學者能明其綱要。餘可迎刃而解矣。



命理尋源　七一

## （五）結論

或曰。陰陽氣化。雖言之甚詳。但皆理想之詞。果以何徵驗而分析之歟。曰否否。陰陽二氣。乃造化之自然。物理所固有。非理想也。天下之事事物物。決不能因耳目之所能聞見者爲有。以不能聞見者爲無。近世西學東漸。爲科學萬能之時代。種種學術。以實驗爲基。固足矯舊說空疏虛渺之弊。然不免偏倚於物質。而遺其精神。況物質之體類萬殊。亦斷非耳目之力所能聽睹無遺者。在顯微鏡未發明以前。則水中空氣中之微蟲與人體之血輪。病毒之細菌。均無由見之。然不得因未見而謂爲無此物也。若顯微鏡之製更能進步。則必有更微更細之物發見。尚非今日所及料也。獵犬之嗅覺。能辨人物之氣。雖越數時之久。猶能追踪無誤。是足徵無論人畜。各有特殊之氣。而絕不相同者。此氣卽其所稟受於天地陰陽者也。因五行之質類各殊。而所秉之或全或偏。及清濁厚薄。均不一致。是與人之面容相似。萃千百人而無一同者。亦足徵人道生於氣交之中。與兩間大氣關係之密切矣。蓋大氣之運行。既周流無息。而陰陽之摩蕩交錯。變化萬端。徧布於大地之上。理密如網。故術家以辰爲天羅。戌爲地網。遇五行之偏勝。於是有吉凶之分。而凶毒之甚者。猝中於人。或且立死。人生日處於此紛紜錯雜之氣中。苦於目不能見。如瞽者持杖躑躅市中。非杖之所觸。不知爲有物而避之。其杖所未及者。豈得謂之無物哉。

或曰。此兩間錯雜之氣。果其爲有質者歟。則必有術焉可以見之。何以古來僅憑推算。迄未能明其質之何若也。曰物質之體不一。有可見者。有不可見者。凡可見者皆質之不透明者也。透明之質則不可見。或藉他物之映射。始得其彷彿。凡所謂空間者。實非眞空。而皆有物焉充塞其間。今西人亦知之矣。但化學家所驗得之空氣。仍爲有質之氣。而非無質之氣。故可吸收而貯之以器。或化分之而析爲淡氣養氣。此即所謂透明之質也。若陰陽之氣。則超乎物質之上。并超乎精神之上。而爲天地眞元之氣所變化。爲生育萬物之根本。謂之有質、則無質可見。謂之無質、則確有其氣。但與物質之氣有別。視之若無色、而自有其色。嗅之似無味、而自有其味。月令以五色五味配四時與中央之五行。是以物質之色味合眞元之色味。有感應之道也。故古人有能望氣而辨其吉凶者。與獵犬之嗅氣而能蹤跡人畜者。皆具有特別之感覺、而得之者也。故物之有質者。物質足以阻之。如空氣光線。雖似無質。實皆爲物質之體。特透明耳。是以物質皆足以阻之。若陰陽之氣。有如西人近日發明之愛克司光線。皆非物質所能阻。以其超乎物質以上之元體也。（鬼神亦超乎物質以上。故亦非物質所能阻）日後人類之智識日益進步。必能有術以顯此無形之元氣。而接觸於人目之一日。而其樞要悉總括於易象。是賴有高識積學者。潛心以研求之。徒探索於枝葉之間。事倍而功不及半。終無能得其當也。

## 論五音六律

陰陽之氣。衝激動蕩。發爲聲音。氣不可見而以音表之。則觸耳而能辨其清濁。以耳代目。氣之不可見者。亦不啻予人以可見矣。黃帝吹管定律。與干支同爲協和陰陽之用。故音出於律。律出於數。數出於陰陽之自然。聲之不具陰陽者。不能成音。記曰聲成文謂之音。成文則陰陽協而音出矣。

是以音律之數。亦不越乎五六。五與六各有陰陽。亦與干支同。故六十甲子有納音。納音之義。以數至巳亥。必歸納伏藏。朱元昇之三易備遺。卽據此爲殷人歸藏之大旨。其確否雖於他書無徵。未敢奉爲定論。然其推論數理。固極精密。有發前人所未發者。蓋陽數至巳而已亢。陰數至亥而凝陽。亢則絕。陰則戰。均有極盛難繼之勢。非伏藏無以爲發生之機。盡循環之妙。因五音之高下。本有不同。故其數有九八七六五四之別。更與本數互相乘除。則氣化而音亦變焉。於是本五而用七。益以少宮少商而變化益繁。聲音之道。乃肆應而不窮。乾九五文言傳曰同聲相應。中孚九二曰鶴鳴子和。以二五兩爻得中。爲定音之準。故黃鐘之宮起於坎子。陰陽上下相生。數隔以八。是以音之用至七而盡其變也。今西人之準音以乂爲術雖殊。而得數亦同。發音成調。還相爲宮。變化之數。終不出九九之外。仍黃鐘之數也。

## 辨納音

納音與納甲相表裏。屬之於爻。仍隨八卦之納甲以定其數也。五音分屬六爻。即本於納音。舉例如下。

子午屬庚　震初爻也庚 子 午

卯酉屬己　離初爻也己 卯 酉

寅申屬戊　坎初爻也戊 寅 申

辰戌屬丙　艮初爻也丙 辰 戌

巳亥屬丁　兌初爻也丁 巳 亥

不言乾坤。六子之爻。皆乾坤之爻也。說卦神也者一章。不言乾坤。非特六子之用。皆乾坤之用。而所謂神者。即乾坤之陰陽不測周流六虛者也。納音之說。似淺而實深。精微之理。非可以迹象求之。謂之音者。乾坤之爻辰。左行右行。間辰六位。即六律六呂相生之所本。故以分屬六爻。各納其辰而謂之納音。今術家占筮推演及風角堪輿諸家。均不能廢納音以爲言。而莫知其所由來。觀納甲爻辰納音及內經運氣各圖。當可悉其始末矣。

## 辨納甲爻辰

京氏卦納甲。乾貞子。坤貞未。乾納甲壬。內子外午。坤納乙癸。內未外丑。六子之卦。各按其所納之干。而依乾坤之爻以爲序。震貞子。坎貞寅。艮貞辰。巽從坤而內外相易貞丑。離貞卯。兌貞巳。乾子寅辰午申戌、左轉。坤未巳卯丑亥酉。右行。陰陽相間。而周十二辰。鄭氏爻辰。乾貞於子左轉。子寅辰午申戌。間時而治六辰。與納甲同。坤貞於未亦同。乃由未而酉亥丑卯巳則與乾同爲左轉。後學因此。每多歧誤。或謂康成說易本乾鑿度。故與京氏不同。然乾鑿度云乾貞於十一月子。左行陽時六。坤貞於六月未。右行陰時六。歲終次從於屯蒙。屯蒙主歲。屯爲陽。貞於十二年丑。其爻左行。以間時而治六辰。蒙爲陰。貞於正月寅。其爻右行。亦間時而治六辰。歲終則從其次云云。乃以六十四卦依序卦之次。前卦爲陽。後卦爲陰。每兩卦分主一歲。故三十二歲而一周。與爻辰之說不相蒙也。錢溉亭述古錄。謂京氏本律呂之合聲。鄭氏本月律。其說具見周官太師鄭氏注。太師掌六律六同。（疏云六律左旋。六同右轉。）以合陰陽之聲。陽聲黃鐘子。太簇寅。姑洗辰。蕤賓午。夷則申。無射戌。子寅辰午申戌。其次與乾六爻左旋同也。陰聲大呂丑。應鐘亥。南呂酉。林鐘未。小呂巳。夾鐘卯。則丑亥未酉巳卯。其次與坤六爻不相合矣。鄭氏以律呂相生爲主。則六律六同皆左旋。以律爲夫。以呂爲婦。婦從夫故皆左旋。是京氏之納甲。與乾鑿度同主合聲。而鄭之爻辰。則主相生。非本於乾鑿度者也。

按陰從於陽。陰陽之體也。河圖一三七九二四六八皆左行者是也。陽左旋。陰右轉。陰陽之用也。洛書之一三九七左旋、二四八六右轉是也。非順行不能相生。非逆行不能相合。易之體用。無不如是。明乎此則聚訟不決之縣案。可片言斷矣。或問既如子言。則京氏者主合聲矣。何以坤之未巳卯丑亥酉。又與陰聲之丑亥酉未巳卯不同也。曰此即洛書七與九、二與八、易位之理也。故巽之六爻。則爲丑亥酉未巳卯矣。此中玄妙。具有至理。神而明之。非言所能盡焉。

爻辰之星象

或問鄭康成氏爻辰說易。以星象證爻辭。而原注已佚。從禮注與乾鑿度注搜輯者。寥寥無幾。近世戴棠氏撰鄭氏爻辰補。而全易三百八十四爻。各取甘石星經。及開元占經所載諸星名。以印證爻辭。無不恰合。詎伏羲之播爻。文王之繫辭。果一一仰觀天文以取象乎。何巧合若是。曰庖羲氏畫卦之時。文字未作。器用未備。又何有星名。蓋一畫開天。奇偶以生。仰觀俯察。法象於天地。變通乎四時。陰陽剛柔。動靜變化。而洽於數理之自然。而天地之運行。人物之遞演。自不能出此常軌之外。故先天而天不違。至黃帝以黃鐘定律。準度量。定權衡。悉本於伏羲之卦。而窺天測地。定日月星辰以紀歲時。然天廣無垠。既以象限立儀。象限儀分圓周爲四。卽法乎四象。儀者分陰分陰。卽法乎兩儀。以分躔度次舍。而不可無以名之以資識別也。於是各按八卦之象數以定其名。故天星之名。大都出自卦象。非卦象之强合星名也。鄭氏爻辰以星名證其爻義。已不免倒果爲因。必逐爻求象於星。而以爻辭附會之。以期或有一字一義之合。無論其未必盡合。即合矣、於經義仍未必有所發明。是亦可以不必矣。

## 星曜神煞釋義

易未嘗言星曜神煞也。而後之言星曜神煞者。無不推本於易。腐儒辭而闢之。而不明其理。愚夫崇而信之。而罔識其原。於是術士得假之以惑人。

皆易道不明之害也。勝清曆象考成協記辨方諸書。甄錄極詳。惜亦未探原立論。令閱者目迷五色。仍不知其所本。易乾鑿度太一行九宮。鄭康成注曰。太一者北辰神名也。此實爲星曜神煞之宗。太一下行八卦之宮每四仍還於中央。中央者地神之所居。故謂之九宮。（太一天神。中央地神。）天數大分以陽出、以陰入。陽起於子。陰起於午。是以太一九宮從坎宮始自此而坤而震而巽。所行者半矣。還息中央。又自此而乾而兌而艮而離。行則周矣。上遊息於太一之星。而反紫宮也。蓋太一即太極。禮曰禮必本乎太一。何以又曰北辰之神名。則以陰陽不測。非假立一名無以神其用。故曰太乙之神。而後世太乙遁甲六壬諸式。皆由此推衍。變化益繁。而神之名愈多。復益以天星躔度。而雜揉並著。更不可分。然所立之名。率爲陰陽順逆及星度舍次之符號。非謂有是具體之神也。九宮經及五行大義所載一宮。其神太乙、星天蓬、卦坎、行水、方白。二宮其神攝提、星天內、卦坤、行土、方黑。三宮其神軒轅、星天衝、卦震、行木、方碧、四宮其神招搖、星天輔、卦巽、行木、方綠。五宮其神天符、星天禽、卦坤、行土、方黃。六宮其神青龍、星天心、卦乾、行金、方白。七宮其神咸池、星天柱、卦兌、行金、方赤、八宮其神太陰、星天任。卦艮、行土、方白。九宮其神天一、星天英、卦離、行火、方紫。統八卦。運五行。土飛於中。數轉於極。今曆書尙沿用此術。惟太乙數所用推法。與此不同。乾一、離二、艮三、震四、兌六、坤七、坎八、巽九。而避五不入。四神十二宮。又於九宮外。增絳宮、明堂、玉堂、三宮。神名亦與此不同。靈樞曰。太一常於冬至居叶蟄宮坎四十六日。明日居天留。艮如是而倉門、震陰洛、巽上天、離玄委、坤倉果兌新洛。乾周而復始。其次與鄭蕭諸說均同。所謂叶蟄天留云者當爲宮名也。蓋陰陽五行之氣不可見。藉其行度之數以覘其順逆往來。及盈虛消息。故推算首重在數。但數能無誤。雖立法各異。而收効亦同。象以代數。已可更易。如乾六離九。太乙數易爲乾一離二是也。若神煞星曜諸名。則更以補象之不足。而藉以爲符號耳。陰陽者、如代數之負與正也。五行者、加減也。但加減與正負不誤。其代數之名詞符號。不妨以意爲之也。惟代數爲單純之數。故方式尙簡。而此則數與象兼。且五行又各有其氣。是不啻於正負之外又有正負。加減而後又有加減。且互相加減。而順逆生克、又生吉凶。是以不能不設種種之名以爲符號。而名稱亦不能不略含意義。以辨吉凶。此星曜神煞之名所由來也。必取其名以實之。或禱祀其神以祈禳之。愚矣。然此風由來已古。子產之對晉侯。其神實沈。其神台駘。已爲禳祀之濫觴。而月令之五帝五神。無不各有其人。漢儒注禮。遂有天帝人帝（靈威仰赤熛怒之類爲天帝。太昊軒轅之類爲人帝。）之辨。是在三代之時。已如是矣。孔子說卦傳。於震出而必曰帝。於妙萬物而亦曰神。蓋非是不足以狀其用而形其妙也。殷人尚鬼。意坤乾太卜所掌之易。所稱之神名帝名尚多。孔子贊易以其無關義理去之。特存此一帝一神。以見其例。亦未可知也。但經雖不著。而習俗難移。故易緯及春秋禮諸緯。與六壬等書。（六壬相傳甚古。春秋戰國時已有之。子胥少伯皆精其術。故或謂太公所著。）皆仍相傳之舊。而鬼神之念。遂固結於人心。帝王更神道設教。擇立祠典。壇廟莊嚴。久而勿替。取精用弘。靈驗斯昭。爲禍爲福。皆斯人之精神自相感召。又何足怪哉。

## 六神

神也者。妙萬物而爲言。過化存神。有非可以跡象求之者。傳曰本於陰陽而立卦。陰陽變化而神寓也。此六爻之神所由名。要非泥其名以爲實者也。

震東方木。木之神青龍。　甲乙日起青龍。

離南方火。火之神朱雀。　丙丁日起朱雀。

兌西方金。金之神白虎。　庚辛日起白虎。

坎北方水。水之神元武。　壬癸日起元武。

坤艮中央土。土之神勾陳螣蛇。　戊己日起勾陳螣蛇

傳曰前朱雀而後元武。左青龍而右白虎。古者五行各有專官。官世其

守。功德在民。民不能忘。即假人名以神號舉其名、知其用。所以便事也。

吉凶神煞之名皆此類。必求其人以實之。愚也。必妄其名而斥之。亦詎

足爲智哉。六壬太乙之言神。舉可隅反矣。

六親

京氏曰八卦鬼爲繫爻。財爲制爻。天地爲義爻。福德爲寶爻。同氣爲專爻。

此五者今術家謂之六親。蓋與本身爲六也。相傳甚古。義簡而該。言占者

所不能廢。朱子周易本義。以周孔之易爲教人卜筮之用。而焦京之言卜

筮者。反悉廢之。僅以六爻之動靜爲占。宜其無徵驗之可言也。茲以京說

爲主。而以近世皆用者附之如下。

專爻一　同氣爲專爻。陸績曰同氣。兄弟也。如金與金。木與木之類。　今稱兄弟。

寶爻二　福德爲寶爻。福德子孫也。我所生者也。如金與水。水與木之類。今稱子孫。

義爻三　天地爲義爻。天地。父母也。生我者也。如木爲水生。水爲金生。今稱父母。

制爻四　財爲制爻。財者。我所制也。如木克土。土爲木之財是也。今稱妻財。

繫爻五　鬼爲繫爻。繫者。束縛之意。制我者也。如火克金。火卽金之鬼也。今稱官鬼。

五者與本身爲六。今稱六親者。義亦近古親者族也。類族辨物。舉一起例。凡言兄弟。則比肩者可類。言子孫則後我者可類。言父母則庇我皆其類。言妻財則奉我者皆其類。言官鬼則制我者皆其類。遠近不同。則親疏自異。而爲利爲害。爰有重輕之別。是在察其爻之所在而鑒別之。非可概論也。

天乙貴人原起

日夜貴人原起

天乙分陽貴陰貴陽貴起於先天坤位。故從子起甲甲德在子。氣合於己
故己日以子爲陽貴。乙德在丑。氣合於庚。故庚日以丑爲陽貴。丙德日寅。
氣合於辛。故辛日以寅爲陽貴。丁德在卯。氣合於壬。故壬日以卯爲陽貴。
辰爲天羅。貴人不臨。故戊跨辰而在巳。氣合於癸。故癸日以巳爲陽貴。午
與先天坤位相衝。名曰天空。貴人有獨無對。故陽貴不入於午。已德在未。
氣合於甲。故甲日以未爲陽貴。庚德在申。氣合於乙。故乙日以申爲陽貴
辛德在酉。氣合於丙。故丙日以酉爲陽貴。戌爲地網。貴人不臨。故壬跨戌
而在亥。氣合於丁。故丁日以亥爲陽貴。子在先天坤位。貴人不再居。故癸
跨子而在丑。氣合於戊。故戊以丑爲陽貴。

## 陽貴起例圖

| | | | |
|---|---|---|---|
| 巳 戊合癸 | 午 天空 | 未 己合甲 | 申 庚合乙 |
| 辰 天羅 | | | 酉 辛合丙 |
| 卯 丁合壬 | | | 戌 地網 |
| 寅 丙合辛 | 丑 乙合庚 癸合戊 | 子 甲合己 | 亥 壬合丁 |

陰貴起於後天坤位。故從申位起甲。逆行甲德在申。氣合於巳。故巳日以申爲陰貴。乙德在未。氣合於庚。故庚日以未爲陰貴。丙德在午。氣合於辛。故辛日以午爲陰貴。丁德在巳。氣合於壬。故壬日以巳爲陰貴。辰爲天羅。貴人不臨。故戊跨辰而在卯。氣合於癸。故癸日以卯爲陰貴。寅與後天坤位相衝。名曰天空。貴人有獨無對。故陰貴不入於寅巳。德在丑。氣合於甲。故甲日以丑爲陰貴。庚德在子。氣合於乙。故乙日以子爲陰貴。辛德在亥。

氣合於丙。故丙用亥爲陰貴戌爲地網。貴人不臨。故壬跨戌而在酉。氣合於丁。故丁日以酉爲陰貴。申在後天坤位。貴人不再居。故癸跨申而在未。氣合於戊。故戊以未爲陰貴。

陰貴起例圖

| | | | |
|---|---|---|---|
| 巳 丁合壬 | 午 丙合辛 | 未 乙合庚 癸合戊 | 申 甲合己 |
| 辰 天羅 | | | 酉 壬合丁 |
| 卯 戊合癸 | | | 戌 地網 |
| 寅 天空 | 丑 己合甲 | 子 庚合乙 | 亥 辛合丙 |

| | | | |
|---|---|---|---|
| **占筮類** | | | |
| 1 | 擲地金聲搜精秘訣 | 心一堂編 | 沈氏研易樓藏稀見易占秘鈔本 |
| 2 | 卜易拆字秘傳百日通 | 心一堂編 | |
| 3 | 易占陽宅六十四卦秘斷 | 心一堂編 | 火珠林占陽宅風水秘鈔本 |
| **星命類** | | | |
| 4 | 斗數宣微 | 【民國】王裁珊 | 民初最重要斗數著述之一；未刪改本 |
| 5 | 斗數觀測錄 | 【民國】王裁珊 | 失傳民初斗數重要著作 |
| 6 | 《地星會源》《斗數綱要》合刊 | 心一堂編 | 失傳的第三種飛星斗數 |
| 7 | 《斗數秘鈔》《紫微斗數之捷徑》合刊 | 心一堂編 | 珍稀「紫微斗數」舊鈔秘本 |
| 8 | 斗數演例 | 心一堂編 | |
| 9 | 紫微斗數全書（清初刻原本） | 題【宋】陳希夷 | 斗數全書本來面目；有別於錯誤極多的坊本 |
| 10－12 | 鐵板神數（清刻足本）——附秘鈔密碼表 | 題【宋】邵雍 | 無錯漏原版秘鈔密碼表　首次公開！ |
| 13－15 | 蠢子數纏度 | 題【宋】邵雍 | 蠢子數連密碼表打破數百年秘傳　首次公開！ |
| 16－19 | 皇極數 | 題【宋】邵雍 | 清鈔孤本附起例及完整密碼表研究神數必讀！ |
| 20－21 | 邵夫子先天神數 | 題【宋】邵雍 | 附手鈔密碼表研究神數必讀！ |
| 22 | 八刻分經定數（密碼表） | 題【宋】邵雍 | 皇極數另一版本；附手鈔密碼表 |
| 23 | 新命理探原 | 【民國】袁樹珊 | 子平命理必讀教科書！ |
| 24－25 | 袁氏命譜 | 【民國】袁樹珊 | |
| 26 | 韋氏命學講義 | 【民國】韋千里 | 民初二大命理家南袁北韋 |
| 27 | 千里命稿 | 【民國】韋千里 | 北韋之命理經典 |
| 28 | 精選命理約言 | 【民國】韋千里 | |
| 29 | 滴天髓闡微——附李雨田命理初學捷徑 | 【民國】袁樹珊、李雨田 | 命理經典未刪改足本 |
| 30 | 段氏白話命學綱要 | 【民國】段方 | 民初命理經典最淺白易懂 |
| 31 | 命理用神精華 | 【民國】王心田 | 學命理者之寶鏡 |

| | | | |
|---|---|---|---|
| 32 | 命學探驪集 | 【民國】張巢雲 | 發前人所未發 稀見民初子平命理著作 |
| 33 | 澹園命談 | 【民國】高澹園 | |
| 34 | 算命一讀通——鴻福齊天 | 【民國】不空居士、覺先居士合纂 | |
| 35 | 子平玄理 | 【民國】施惕君 | |
| 36 | 星命風水秘傳百日通 | 心一堂編 | |
| 37 | 命理大四字金前定 | 題【晉】鬼谷子王詡 | 源自元代算命術 |
| 38 | 命理斷語義理源深 | 心一堂編 | 稀見清代批命斷語及活套 |
| 39-40 | 文武星案 | 【明】陸位 | 失傳四百年《張果星宗》姊妹篇 千多星盤命例 研究命學必備 |
| **相術類** | | | |
| 41 | 新相人學講義 | 【民國】楊叔和 | 失傳民初白話文相術書 |
| 42 | 手相學淺說 | 【民國】黃龍 | 民初中西結合手相學經典 |
| 43 | 大清相法 | 心一堂編 | 重現失傳經典相書 |
| 44 | 相法易知 | 心一堂編 | |
| 45 | 相法秘傳百日通 | 心一堂編 | |
| **堪輿類** | | | |
| 46 | 靈城精義箋 | 【清】沈竹礽 | 沈氏玄空遺珍 玄空風水必讀 |
| 47 | 地理辨正抉要 | 【清】沈竹礽 | |
| 48 | 《玄空古義四種通釋》《地理疑義答問》合刊 | 沈瓞民 | |
| 49 | 《沈氏玄空吹虀室雜存》《玄空捷訣》合刊 | 【民國】申聽禪 | |
| 50 | 漢鏡齋堪輿小識 | 【民國】查國珍、沈瓞民 | 失傳已久的無常派玄空經典 |
| 51 | 堪輿一覽 | 【清】孫竹田 | |
| 52 | 章仲山挨星秘訣（修定版） | 【清】章仲山 | 章仲山無常派玄空珍秘 門內秘本首次公開 沈竹礽等大師尋覓一生末得之珍本！ |
| 53 | 臨穴指南 | 【清】章仲山 | |
| 54 | 章仲山宅案附無常派玄空秘要 | 心一堂編 | |
| 55 | 地理辨正補 | 【清】朱小鶴 | 玄空六派蘇州派代表作 |
| 56 | 陽宅覺元氏新書 | 【清】元祝垚 | 簡易・有效・神驗之玄空陽宅法 |
| 57 | 地學鐵骨秘 附 吳師青藏命理大易數 | 【民國】吳師青 | 釋玄空廣東派地學之秘 |
| 58-61 | 四秘全書十二種（清刻原本） | 【清】尹一勺 | 玄空湘楚派經典本來面目 有別於錯誤極多的坊本 |

| | | | |
|---|---|---|---|
| 62 | 地理辨正補註　附　元空秘旨　天元五歌　玄空精髓　心法秘訣等數種合刊 | 【民國】胡仲言 | 貫通易理、巒頭、三元、三合、天星、中醫 |
| 63 | 地理辨正自解 | 【清】李思白 | 公開玄空家「分率尺、工部尺、量天尺」之秘 |
| 64 | 許氏地理辨正釋義 | 【民國】許錦灝 | 民國易學名家黃元炳力薦 |
| 65 | 地理辨正天玉經內傳要訣圖解 | 【清】程懷榮 | 秘訣一語道破，圖文并茂 |
| 66 | 謝氏地理書 | 【民國】謝復 | 玄空體用兼備、深入淺出 |
| 67 | 論山水元運易理斷驗、三元氣運說附紫白訣等五種合刊 | 【宋】吳景鸞等 | 失傳古本《玄空秘旨》《紫白訣》 |
| 68 | 星卦奧義圖訣 | 【清】施安仁 | 三元玄空門內秘笈　清鈔孤本<br>過去均為必須守秘不能公開秘密<br>與今天流行飛星法不同 |
| 69 | 三元地學秘傳 | 【清】何文源 | |
| 70 | 三元玄空挨星四十八局圖說 | 心一堂編 | |
| 71 | 三元挨星秘訣仙傳 | 心一堂編 | |
| 72 | 三元地理正傳 | 心一堂編 | |
| 73 | 三元天心正運 | 心一堂編 | |
| 74 | 元空紫白陽宅秘旨 | 心一堂編 | |
| 75 | 玄空挨星秘圖　附　堪輿指迷 | 心一堂編 | |
| 76 | 姚氏地理辨正圖說　附　地理九星并挨星真訣全圖　秘傳河圖精義等數種合刊 | 【清】姚文田等 | 蓮池心法　玄空六法<br>門內秘鈔本首次公開 |
| 77 | 元空法鑑批點本——附　法鑑口授訣要、秘傳玄空三鑑奧義匯鈔　合刊 | 【清】曾懷玉等 | |
| 78 | 元空法鑑心法 | 【清】曾懷玉等 | |
| 79 | 曾懷玉增批蔣徒傳天玉經補註【新修訂版原（彩）色本】 | 【清】項木林、曾懷玉 | |
| 80 | 地理學新義 | 【民國】俞仁宇撰 | 揭開連城派風水之秘 |
| 81 | 地理辨正揭隱（足本）　附連城派秘鈔口訣 | 【民國】王邀達 | |
| 82 | 趙連城傳地理秘訣附雪庵和尚字字金 | 【明】趙連城 | |
| 83 | 趙連城秘傳楊公地理真訣 | 【明】趙連城 | |
| 84 | 地理法門全書 | 仗溪子、芝罘子 | 巒頭風水，內容簡核、深入淺出 |
| 85 | 地理方外別傳 | 【清】熙齋上人 | 巒頭形勢、「望氣」「鑑神」 |
| 86 | 地理輯要 | 【清】余鵬 | 集地理經典之精要 |
| 87 | 地理秘珍 | 【清】錫九氏 | 巒頭、三合天星，圖文並茂 |
| 88 | 《羅經舉要》附《附三合天機秘訣》 | 【清】賈長吉 | 清鈔孤本羅經、三合訣法圖解 |
| 89-90 | 嚴陵張九儀增釋地理琢玉斧巒 | 【清】張九儀 | 清初三合風水名家張九儀經典清刻原本！ |

| | | | |
|---|---|---|---|
| 91 | 地學形勢摘要 | 心一堂編 | 形家秘鈔珍本 |
| 92 | 《平洋地理入門》《巒頭圖解》合刊 | 【清】盧崇台 | 平洋水法、形家秘本 |
| 93 | 《鑒水極玄經》《秘授水法》合刊 | 【唐】司馬頭陀、【清】鮑湘襟 | 千古之秘，不可妄傳匪人 |
| 94 | 平洋地理闡秘 | 心一堂編 | 雲間三元平洋形法秘鈔珍本 |
| 95 | 地經圖說 | 【清】余九皋 | 形勢理氣、精繪圖文 |
| 96 | 司馬頭陀地鉗 | 【唐】司馬頭陀 | 流傳極稀《地鉗》 |
| 97 | 欽天監地理醒世切要辨論 | 【清】欽天監 | 公開清代皇室御用風水真本 |
| **三式類** | | | |
| 98-99 | 大六壬尋源二種 | 【清】張純照 | 六壬入門、占課指南 |
| 100 | 六壬教科六壬鑰 | 【民國】蔣問天 | 由淺入深，首尾悉備 |
| 101 | 壬課總訣 | 心一堂編 | 過去術家不外傳的珍稀六壬術秘鈔本 |
| 102 | 六壬秘斷 | 心一堂編 | |
| 103 | 大六壬類闡 | 心一堂編 | |
| 104 | 六壬秘笈——韋千里占卜講義 | 【民國】韋千里 | 六壬入門必備 |
| 105 | 壬學述古 | 【民國】曹仁麟 | 依法占之，「無不神驗」 |
| 106 | 奇門揭要 | 心一堂編 | 集「法奇門」、「術奇門」精要 |
| 107 | 奇門行軍要略 | 【清】劉文瀾 | 條理清晰、簡明易用 |
| 108 | 奇門大宗直旨 | 劉毗 | 天下孤本　首次公開　虛白廬藏本《秘藏遁甲天機》 |
| 109 | 奇門三奇干支神應 | 馮繼明 | |
| 110 | 奇門仙機 | 題【漢】張子房 | |
| 111 | 奇門心法秘纂 | 題【漢】韓信（淮陰侯） | 奇門不傳之秘　應驗如神 |
| 112 | 奇門廬中闡秘 | 題【三國】諸葛武侯註 | |
| **選擇類** | | | |
| 113-114 | 儀度六壬選日要訣 | 【清】張九儀 | 清初三合風水名家張九儀擇日秘傳 |
| 115 | 天元選擇辨正 | 【清】一園主人 | 釋蔣大鴻天元選擇法 |
| **其他類** | | | |
| 116 | 述卜筮星相學 | 【民國】袁樹珊 | 民初二大命理家南袁北韋之術數經典 |
| 117-120 | 中國歷代卜人傳 | 【民國】袁樹珊 | |